ELISABETH ENGLER

ALL IN ONE UND ONE POT MIT DEM THERMOMIX®

riva

ELISABETH ENGLER

ALL IN ONE UND ONE POT MIT DEM THERMOMIX®

GESUNDE MAHLZEITEN IM HANDUMDREHEN

riva

Bibliografische Information der Deutschen Nationalbibliothek
Die Deutsche Nationalbibliothek verzeichnet diese Publikation in der Deutschen Nationalbibliografie. Detaillierte bibliografische Daten sind im Internet über https://dnb.de abrufbar.

Für Fragen und Anregungen
info@m-vg.de

Wichtige Hinweise
Sämtliche Inhalte dieses Buches wurden – auf Basis von Quellen, die die Autorin und der Verlag für vertrauenswürdig erachten – nach bestem Wissen und Gewissen recherchiert und sorgfältig geprüft. Alle Rezepte in diesem Buch wurden für den Thermomix® TM5 entwickelt und mit diesem getestet. Bitte beachten Sie: Der Mixtopf des Thermomix® TM5 ist größer als der des TM31 (Kapazität von 2,2 Litern anstatt 2,0 Litern beim TM31). Daher dürfen aus Sicherheitsgründen die Rezepte aus diesem Buch nur dann mit dem TM31 nachgekocht werden, wenn die Mengen angepasst wurden. Achten Sie auf die Füllstandsmarkierungen und überschreiten Sie die maximale Füllmenge nicht. Der Verlag und die Autorin haften für keine nachteiligen Auswirkungen, die in einem direkten oder indirekten Zusammenhang mit den Informationen stehen, die in diesem Buch enthalten sind. Thermomix® ist ein eingetragenes Warenzeichen der Vorwerk & Co. KG. Diese Publikation ist kein offizielles Lizenzprodukt der Vorwerk & Co. KG.

Ausschließlich zum Zweck der besseren Lesbarkeit wurde auf eine genderspezifische Schreibweise sowie eine Mehrfachbezeichnung verzichtet. Alle personenbezogenen Bezeichnungen sind somit geschlechtsneutral zu verstehen.

Originalausgabe
4. Auflage 2025

Türkenstraße 89
80799 München
Tel.: 089 651285-0

Redaktion: Caroline Kazianka
Umschlaggestaltung: Isabella Dorsch
Umschlagabbildungen: Vorderseite: Liliya Kandrashevich/Shutterstock.com, Maria Uspenskaya/Shutterstock.com, NoirChocolate/Shutterstock.com; Rückseite: KiianOksana/Shutterstock.com, vm2002/Shutterstock.com
Satz: inpunkt[w]o, Haiger (www.inpunktwo.de)
Druck: Livonia Print, Riga, Lettland
Printed in the EU

ISBN Print 978-3-7423-0719-4
ISBN E-Book (EPUB, Mobi) 978-3-7453-0250-9

Weitere Informationen zum Verlag finden Sie unter
www.rivaverlag.de
Beachten Sie auch unsere weiteren Verlage unter www.m-vg.de

INHALT

Vorwort

Was bedeutet »All in one« (Aio)? Der Thermomix® bietet grundsätzlich die Möglichkeit, auf verschiedenen Ebenen gleichzeitig zu kochen. Im Grunde sind aber alle Rezepte, bei denen man ausschließlich mit dem Thermomix® kocht, sogenannte All-in-one-Mahlzeiten, unabhängig davon, ob die verschiedenen Ebenen auch genutzt werden. Für Eintöpfe (sogenannte One Pots) wird ebenso wie zum Beispiel für Salate oder Aufstriche nur der Mixtopf benötigt. Backofen und Herd bleiben kalt!

Im Varoma gegart wird eine Mahlzeit besonders schonend und mit wenig zusätzlichem Fett zubereitet, jedoch erhält man so auch keine schmackhaften Röstaromen, wie sie in der Pfanne oder im Backofen entstehen. Wer diese vermisst, kann eine kurze Bräunung im Backofen vornehmen oder für eine leichte Röstung mithilfe eines Küchenbunsenbrenners kurz über das fertige Gericht flämmen.

Die Zubereitung im Varoma ist meist sehr einfach und schnell: Zutaten schneiden, in den Varoma oder auch Gareinsatz (bei kleineren Mengen) geben, würzen, dämpfen – fertig!

In den folgenden Rezepten wird für den Varoma sehr oft Backpapier verwendet. Es hat den Vorteil, dass darin eingewickeltes Fleisch oder Gemüse besonders saftig und zart wird und austretender Saft aufgefangen wird. Man kann dabei viel Zeit sparen, wenn man für den Einlegeboden passende ovale Backpapierbögen selbst auf Vorrat zuschneidet: einige, die genau für den Boden passen, und andere, die bis zu den seitlichen Dampfschlitzen reichen, diese aber nicht ganz bedecken. Oftmals wird das Fleisch oder das Gemüse direkt auf das Backpapier gelegt und dort auch gewürzt.

Ans Herz legen möchte ich Ihnen zum Schluss noch die Basics: Mit diesen leckeren Pasten und dem Aio-Gewürz geht das Kochen und Würzen nicht nur schneller, die Gerichte schmecken auch besonders gut!

Viel Spaß beim Kochen und guten Appetit!

Elisabeth Engler

Tipps für den Umgang mit dem Thermomix®

1. Der Varoma wird durch den Wasserdampf extrem heiß. Beim Herunternehmen oder auch Öffnen des Deckels (zum Umrühren oder zur Kontrolle) bitte sehr umsichtig hantieren!
2. Bitte Mixtopf und Deckel nach der Benutzung sofort spülen.
3. Beim Pulverisieren von Zucker oder Gewürzen verteilt sich das feine Pulver in der Regel überall im Mixtopf. Mit einem Spatel lässt es sich schlecht nach unten schieben, vor allem bei kleineren Mengen. Da hilft ein Küchenpinsel. Unter den Messbecher eventuell noch ein Küchenpapiertuch stecken, dann kommt der feine Zuckerstaub nicht durch. Vor dem Öffnen des Mixtopfes etwas warten, bis sich der Staub gesetzt hat, besonders Erythrit bildet einen starken »Nebel«.
4. Die eingebaute Waage ist nicht immer ganz genau. Wenn die exakte Menge besonders wichtig ist oder es um Mini-Mengen unter 5 Gramm geht, ist deshalb eine externe Digitalwaage empfehlenswert.
5. Klebrige Teig- oder fettige Speisereste lassen sich am einfachsten entfernen, indem man erst die Reste **10 Sek./Stufe 10/mit MB** herausschleudert. Wenn das noch nicht reicht, 1000 g Wasser einwiegen und **30 Sek./Stufe 10/mit MB** mixen. Dann vier Tropfen Spülmittel in den Mixtopf füllen und diesen **4 Min./60 °C/Stufe 5–6** rühren lassen. Wenn Schaum hochsteigt, auf Stufe 2 reduzieren. Meistens ist der Mixtopf dann auch schon sauber und muss nur nachgespült und getrocknet werden.
6. Wird heißes Gargut im Mixtopf püriert, schützt normalerweise der Messbecher vor dem Herausspritzen. Ist der Mixtopf sehr voll oder das Gargut recht schwer, könnte es dennoch zu gefährlichen kleinen Spritzern kommen. Daher entweder den Messbecher beim Mixen festhalten oder ein schweres Tuch bzw. Handtuch zum Schutz darauflegen.
7. Kochzeiten können ebenso wie Rührzeiten variieren: Da wir mit Naturprodukten arbeiten, weisen diese zum Beispiel einen unterschiedlichen Wasser-, Zucker- oder Stärkegehalt auf. So kann es durchaus vorkommen, dass Gerichte entweder ein wenig kürzer oder auch länger gekocht/gerührt werden müssen, besonders bei Fleisch und Fisch auch abhängig von der Größe bzw. Dicke der Stücke.
8. Der Messbecher misst voll 100 ml, halb gefüllt (Markierung) 50 ml Inhalt. Er wurde in vielen Rezepten daher als Hilfe zum Abmessen verwendet – das geht meist noch schneller als das Abwiegen. Messbecher immer in Reichweite legen, die Anschaffung eines zweiten ist nicht teuer und lohnt sich!
9. Unliebsame Gerüche entfernen: Um unangenehme und lästige Gerüche zum Beispiel von Knoblauch oder Zwiebeln im Mixtopf zu beseitigen, einen kräftigen Schuss Essigessenz mit drei Tropfen Spülmittel und 700 g Wasser in den Mixtopf geben und diesen **10 Min./80 °C/Stufe 4/mit MB** laufen lassen. Dann gründlich ausspülen.
10. Beim Kochen mit dem Varoma die Teller zum Anwärmen etwa 10 Min. vor Kochende auf den Varomadeckel stellen – so bleibt das Essen dann schön warm …

Verwendete Abkürzungen

In den angegebenen Rezepten werden folgende Kürzel und Begriffe verwendet:

Mixtopf	Koch- und Mixbehälter des Thermomix®
MB	Messbecher (durchsichtiger Innendeckel zum Abdecken und Abmessen); Inhalt 1 MB = 100 ml, ½ MB = 50 ml
Stufe …	Rührstufe (Drehgeschwindigkeit)
Linkslauf	Schalter zum Umstellen von Zerkleinern (Mixen, Pürieren) auf Vermischen (Aufschlagen, Verrühren)

BASICS

Gemüse-Basispaste

Besonders für varomagegarte bzw. gedämpfte Gerichte ist die Würzung wichtig. Da der Dampf Aromen intensiviert, ist es ratsam, anfangs zunächst etwas zurückhaltend zu dosieren! Suppen und Soßen erhalten mit dieser Paste eine wunderbare Grundwürze, die dann mit frischen Kräutern und Gewürzen nach Geschmack noch angepasst werden kann. Außerdem kocht es sich viel schneller mit dieser Paste, und gesünder als Fertigprodukte mit Emulgatoren, Geschmacksverstärkern und Konservierungsstoffen ist sie außerdem. Sie werden sehen, ohne diese Paste werden Sie kaum noch kochen wollen!

Zubereitung: 20 Min.
Rührzeit: 1 Min.
Zutaten für ca. 850 g

100 g Meersalz
40 g Zucker
1 geh. TL getrockneter Liebstöckel
1 TL Kümmel, ganz
2 TL Paprikapulver
1 geh. TL Senfpulver
1 TL getrockneter Majoran
2 Lorbeerblätter, klein gerebelt
1 TL Pfefferkörner
160 g Pastinaken, geputzt, gewaschen
200 g Karotten, geputzt, gewaschen
150 g Zwiebeln, geschält, geviertelt
150 g Lauchzwiebeln, geputzt, gewaschen
20 g Petersilienblätter, glatt
10 g Knoblauchzehen, geschält oder 2 TL Knoblauchgranulat
25 g Tomatenmark
40 g Olivenöl

1. Salz, Zucker, Liebstöckel, Kümmel, Paprikapulver, Senfpulver, Majoran, Lorbeer und Pfeffer im Mixtopf **30 Sek./Stufe 10/mit MB** mahlen. Mit einem Küchenpinsel das Pulver auch aus dem Deckel bis nach unten streichen.
2. Das Gemüse in Stücke schneiden, in den Mixtopf geben. Petersilie waschen, trocken schütteln, mit einer Schere grob zerschneiden und mit dem Knoblauch ebenfalls zufügen.
3. Unter Zuhilfenahme des Spatels (durch die Deckelöffnung) alles **10 Sek./Stufe 9** hacken. Vorgang zweimal wiederholen.
4. Tomatenmark und Öl zugeben und das Ganze nochmals **20 Sek./Stufe 5** mithilfe des Spatels vermischen.
5. Paste in sterile oder zumindest in der Spülmaschine sehr heiß gereinigte Schraubgläser füllen.

Da das Salz konserviert, hält sich die Paste im Kühlschrank etwa 6–8 Monate.

Beim Entnehmen mit einem sauberen Löffel umrühren, sodass eventuell gebildete Flüssigkeit wieder untergemischt wird.

Asia-Basispaste

Für etwas pikantere sowie asiatisch angehauchte Gerichte empfiehlt sich diese exotische Variante der Gemüse-Basispaste.

Zubereitung: 20 Min.
Rührzeit: 1 Min.
Zutaten für 680 g

20 g Zitronengras, geputzt, in Stücken
1 Chilischote, geputzt, gewaschen, in Stücken
20 g Ingwer, geschält
10 g Galgant, geschält
70 g Lauchzwiebeln, geputzt, gewaschen und in Stücken
15 Pfefferkörner
25 g Zucker
15 g Koriandergrün, gewaschen plus wenn vorhanden, die Wurzeln davon
400 g Suppengemüse, geputzt, gewaschen (Sellerie, Lauch, Karotten, Petersilie)
1 Bio-Zitrone, Schalenabrieb (5 g)
30 g Sesamöl
90 g Meersalz

1. Zitronengras, Chilistücke, Ingwer und Galgant mit den Lauchzwiebeln, den Pfefferkörnern und dem Zucker im Mixtopf **5 Sek./Stufe 10/mit MB** hacken. Mit dem Spatel nach unten schieben und Vorgang mehrmals wiederholen, bis eine feine Paste entstanden ist.
2. Korianderblätter (und ggfls. die gewaschenen, in Stücke geschnittenen Wurzeln) zugeben.
3. Das Suppengemüse in grobe Würfel schneiden und (die Petersilie zuunterst) zugeben. Im Mixtopf **10 Sek./Stufe 10/mit MB** hacken, wieder hinunterschieben. Zitronenschalenabrieb, Öl und Salz zufügen. Dann alles **10 Sek./Stufe 10/mit MB** hacken, Vorgang evtl. wiederholen, sodass die Masse musig, aber nicht flüssig ist.
4. Paste in Gläser abfüllen und im Kühlschrank lagern. Hält sich 6–8 Monate.

Ingwerpaste

Zubereitung: 5 Min.
Rührzeit: 8 Min.
Zutaten für ca. 300 g

200 g Bio-Ingwer, ungeschält, gewaschen, in Stücken, oder 200 g geschälter Ingwer
1 Bio-Zitrone, Schalenabrieb
10 g Zitronensaft
70 g Wasser oder Sake
10 g Apfelessig
40 g Zucker
5 g Salz

1. Ingwer und Zitronenschale im Mixtopf **10 Sek./Stufe 7/mit MB** zerkleinern, dann mit dem Spatel nach unten schieben.
2. Restliche Zutaten zufügen und **7 Min./100 °C/Stufe 1.5/mit MB** kochen.
3. Paste heiß in ein sauberes Schraubglas füllen (ca. 350 ml). Im Kühlschrank gelagert, hält sie sich 3–6 Monate.

Wer mag, gibt bei Punkt 1 noch 20 g geschälten Knoblauch hinzu.

Aio-Gewürz

Zubereitung: 5 Min.
Rührzeit: 1 Min.
Zutaten für 100 g

20 g Paprikapulver
5 g Kümmel, ganz oder gemahlen
5 g Knoblauchpulver oder -granulat
5 g schwarze Pfefferkörner
20 g Senfkörner
5 g getrocknete italienische Kräuter
15 g Steinsalz
10 g Rauchsalz
20 g brauner Rohrzucker

1. Alle Zutaten in den trockenen Mixtopf geben und **30 Sek./Stufe 10/ mit MB** fein mahlen. Mischung mit einem Küchenpinsel nach unten schieben und in ein Schraubglas füllen. Hält sich dunkel gelagert 4–6 Monate.

Mit diesem Gewürz lässt sich varomagegartes Gemüse, aber auch Fleisch und Soßen wunderbar verfeinern. Es wirkt fast wie ein Geschmacksverstärker und kann zusätzlich zu den angegebenen Gewürzen (außer bei der Safransoße) – sparsam – verwendet werden. Vor dem Salzen und Pfeffern dazugeben, da man dann weniger von diesen Gewürzen benötigt.

HERZHAFTES VON RIND UND SCHWEIN

Malzbiergulasch

4 Portionen
Zubereitung: 15 Min.
Rührzeit: 48 Min.

- 100 g rote Zwiebeln, geschält, in Vierteln
- 20 g Sonnenblumenöl
- 600 g Schweinegulasch, 2 x 3 cm große Stücke
- 40 g Gemüse-Basispaste
- 10 g Tomatenmark
- Pfeffer
- 500 ml Malzbier (alkoholfrei)
- 1 MB Wasser oder Gemüsebrühe
- 500 g Kartoffeln, geschält, halbiert oder geviertelt (je nach Größe)
- 250 g Karotten, geschält, in Scheiben
- Salz
- 2 EL Zitronensaft
- 1 EL Stärkemehl (optional)
- 1 EL frischer Schnittlauch, in Röllchen

1. Zwiebeln im **Mixtopf 4 Sek./Stufe 5/mit MB** hacken, dann mit dem Spatel nach unten schieben.
2. Öl zuwiegen und Zwiebeln **3 Min./120 °C/Stufe 1/ohne MB** dünsten.
3. Gulaschfleisch, Gemüse-Basispaste und Tomatenmark zugeben, leicht pfeffern, **5 Min./120 °C/Linkslauf/Stufe 1/ohne MB** anbraten.
4. Mit dem Malzbier und dem Wasser (oder der Gemüsebrühe) aufgießen, Deckel aufsetzen.
5. Kartoffeln in den Varoma legen, Karotten darauf verteilen, leicht salzen und pfeffern. Verschließen, Varoma aufsetzen, **38 Min./Varoma/Linkslauf/Stufe 0,5** garen.
6. Varoma herunterheben und auf einen Teller stellen.
7. Zitronensaft mit der Stärke verrühren und dem Fleisch zugeben, **1 Min./Varoma/Linkslauf/Stufe 1/ohne MB** aufkochen.
8. Mit Salz und Pfeffer abschmecken.
9. Gulasch mit dem Gemüse auf Teller geben und mit dem Schnittlauch bestreut servieren.

Schweinefilet mit Rosenkohl und Schupfnudeln

4 Portionen
Zubereitung: 10 Min.
Tauzeit: ca. 1 Std.
Rührzeit: 30 Min.

100 g Schalotten, geschält und geviertelt
500–600 g Schweinefilet, pariert
Pfeffer
1 TL Paprikapulver
400 g TK-Rosenkohl, aufgetaut
Salz
500 g Schupfnudeln aus dem Kühlregal
500 g lauwarmes Wasser
30 g (2 EL) Bratensoße (instant)
10 g (1 geh. EL) Röstzwiebeln
10 g Aceto balsamico di Modena

1. Varoma mit einem Bogen Backpapier auslegen. Schalotten daraufgeben.
2. Das Schweinefilet in 4 etwa gleich große Stücke schneiden, pfeffern und von allen Seiten mit Paprikapulver einreiben, dann auf die Schalotten setzen.
3. Den aufgetauten Rosenkohl darauflegen und etwas salzen.
4. Den Einlegeboden einhängen, die Schupfnudeln darauf verteilen, salzen und pfeffern.
5. Das Wasser einwiegen, Varoma aufsetzen, **27 Min./Varoma/Stufe 1** garen.
6. Varoma auf einen Teller setzen und mit einem dicken Tuch warmhalten.
7. Den Mixtopf leeren, dabei die Garflüssigkeit auffangen und wieder in den Mixtopf wiegen. Den Fleischsaft aus dem Varoma abgießen und einwiegen, evtl. mit Wasser auf 350 g auffüllen. Bratensoße, Röstzwiebeln und Aceto balsamico zufügen und alles **3 Min./100 °C/Linkslauf/Stufe 1/ ohne MB** aufkochen. Dann mit Salz und Pfeffer abschmecken.
8. Filetstücke in Scheiben schneiden, mit etwas Salz bestreuen und mit dem Gemüse, den Schupfnudeln und der Soße servieren.

Schweinefleischtopf mit Ingwer, Kartoffeln und Brokkoli

4 Portionen
Zubereitung: 15 Min.
Rührzeit: 29 Min.

600 g Schweinekoteletts, ohne Knochen und entfettet, oder Schnitzelfleisch aus der Nuss
10 g Olivenöl
Salz
Pfeffer
15 g Ingwerpaste oder 20 g Ingwer, geschält, gehackt
500 g Brokkoli, geputzt, gewaschen
1 Prise Kümmel
1800 g Wasser
600 g Kartoffeln, festkochend, geschält und in Stücken
1 EL Petersilie, gehackt (optional)

Für die Soße:
300 g Garflüssigkeit
1 geh. EL Gemüsebrühpulver oder 20 g Asia-Basispaste
50 g Sauerrahm
25 g Mehl
Pfeffer

1. Die Koteletts in 2 cm große Würfel schneiden, in einer Schüssel mit dem Öl besprenkeln, salzen, pfeffern. Ingwerpaste zugeben und alles gut durchmischen.
2. Brokkoli in kleine Röschen trennen. Einen Bogen Backpapier in den Varoma legen, Fleisch zuerst hineingeben, dann den Brokkoli darauf verteilen, salzen und mit dem Kümmel bestreuen.
3. Wasser in den Mixtopf wiegen, 1 TL Salz zugeben, Garkorb mit den Kartoffeln einhängen, mit dem Deckel verschließen, Varoma mit Deckel aufsetzen. Dann **25 Min./Varoma/Stufe 2** garen.
4. Varoma auf einen Teller umsetzen, Garkorb mithilfe des Spatels herausziehen, beides warmhalten.
5. Mixtopf leeren, Garflüssigkeit dabei auffangen, 300 g davon wieder einwiegen. Gemüsebrühpulver oder Asia-Basispaste, Sauerrahm und Mehl zugeben, **3.30 Min./95 °C/Stufe 3/ohne MB** aufkochen, danach **10 Sek./Stufe 8/mit MB** mixen, mit Salz und Pfeffer abschmecken.
6. Fleisch mit Gemüse und Soße servieren. Wer mag, bestreut den Eintopf mit gehackter Petersilie.

Grünes Kokoscurry mit Rindfleischstreifen

4 Portionen
Zubereitung: 25 Min.
Rührzeit: 35 Min.

300 g Rumpsteak
35 g Teriyakisoße
300 g Wasser
500 ml Kokosmilch (ca. 480 g)
10 g Gemüsebrühpulver
25 g Asia-Basispaste
10 g grüne Currypaste
2 TL Zucker oder Palmzucker
½ Bio-Zitrone, Schalenabrieb
250 g Karotten, geputzt, gewaschen, 5 mm dicke Scheiben
100 g Pastinaken, geputzt, gewaschen, 5 mm dicke Scheiben
200 g braune Champignons, geputzt, 3 mm dicke Scheiben
1 Bund Frühlingszwiebeln, geputzt, gewaschen
150 g Pak-Choy geputzt, gewaschen
120 g Mienudeln (instant)
15 g Koriandergrün, gewaschen, gehackt

1. Rumpsteak waschen, Fettrand oder Sehnen entfernen und das Fleisch quer zur Faser in sehr dünne Scheiben aufschneiden. Mit 25 g Teriyakisoße in einer Schüssel marinieren.
2. Wasser, Kokosmilch, Gemüsebrühpulver, Asia-Basispaste, Currypaste, Zucker und Zitronenabrieb in den Mixtopf geben.
3. Karotten, Pastinaken und Champignons in den Varoma legen.
4. Von den Frühlingszwiebeln das Grün in dünne Ringe schneiden und beiseitestellen. Den weißen Teil längs vierteln, falls die Zwiebeln dicker sind, sonst halbiert zum Gemüse in den Varoma legen. Alles mit der restlichen Teriyakisoße beträufeln. Varoma verschließen, auf den Mixtopf setzen und **20 Min./Varoma/Stufe 1.5** garen.
5. In der Zwischenzeit den Pak Choy in Streifen schneiden. Zum restlichen Gemüse in den Varoma geben und diesen wieder verschließen.
6. Frühlingszwiebelgrün in den Mixtopf schütten. Varoma wieder aufsetzen und **10 Min./Varoma/Linkslauf/Stufe 0.5** kochen.
7. Mienudeln in mehrere Stücke brechen, mit dem Inhalt vom Varoma in den Mixtopf umschütten, **3 Min./Varoma/Linkslauf/Stufe 1.5/mit MB** kochen.
8. Fleischstreifen zufügen, mit dem Spatel vermischen, **1 Min./100 Grad/Linkslauf/Stufe 1.5/mit MB** erhitzen.
9. Curry in Teller füllen, mit dem Koriandergrün bestreuen und servieren.

Schlemmer-Bohnentopf mit Wurst

4 Portionen
Zubereitung: 5 Min.
Rührzeit: 25 Min.

60 g Zwiebeln, geschält, geviertelt
15 g Knoblauchöl
400 g stückige Tomaten aus der Dose
10 g Tomatenmark
Salz
1 TL Zucker
100 g Lauch, geputzt, gewaschen, 5 mm Stücke (nur der helle Teil)
2 MB Wasser oder Gemüsebrühe
400 g weiße Cannellini-Bohnen aus der Dose
250 g Paprika-Kolbasz (scharf oder mild, nach Geschmack) oder Kabanossi, 1 cm Stücke
1 TL Paprikapulver
1 Prise getrockneter Thymian
Pfeffer
1 EL frische Petersilie oder gemischte Kräuter, gehackt

1. Zwiebel im Mixtopf **5 Sek./Stufe 5/mit MB** zerkleinern, dann mit dem Spatel nach unten schieben. Knoblauchöl zufügen und Zwiebel **3 Min./100 °C/Stufe 1/ohne MB** dünsten.
2. Stückige Tomaten und Tomatenmark sowie 1 TL Salz, Zucker und Lauch zufügen, **15 Min./100 °C/Stufe 1/ohne MB** aufkochen.
3. Wasser oder Gemüsesuppe, abgetropfte Bohnen, Wurst sowie Paprikapulver und Thymian zugeben und alles **6 Min./Linkslauf/100 °C/Stufe 1/mit MB** kochen.
4. Bohnentopf mit Salz und Pfeffer abschmecken, mit der Petersilie bestreuen und servieren.

Wer mag, kocht noch 200 g klein gewürfelte rote oder gelbe Paprika mit (ab Punkt 2). Zum Bohnentopf passt sehr gut geröstetes Knoblauchbrot.

Kartoffel-Rinder-Curry mit Zitrone

2 Portionen
Zubereitung: 10 Min.
Rührzeit: 20–22 Min.

30 g Knoblauch, geschält
15 g Ingwerpaste oder 20 g Ingwer, geschält, in Stücken
30 g Erdnuss- oder Sonnenblumenöl
5 g Kreuzkümmel, gemahlen oder ganz
500 g Kartoffeln, festkochend, geschält, 2 cm große Würfel
2 TL Currypulver (z. B. Madras)
1 TL Salz
1 Prise Pfeffer
1 Bio-Zitrone, Schalenabrieb
500 g Rinder- oder Gemüsebrühe oder
500 g Wasser und 10 g Gemüsebrühpulver
200 g Rumpsteak, ohne Fettrand und Sehnen
1 EL grob gehackte frische Kräuter wie Koriander, Basilikum oder gemischte Kräuter nach Belieben

1. Knoblauch und Ingwerpaste oder Ingwer im Mixtopf **4 Sek./Stufe 5/ mit MB** hacken, mit dem Spatel nach unten schieben und Vorgang wiederholen. Öl und Kreuzkümmel zufügen und alles **4 Min./100 °C/Stufe 1/ ohne MB** dünsten.
2. Kartoffelwürfel, Currypulver, Salz und Pfeffer zufügen, **5 Min./Varoma/Linkslauf/Stufe 1/ohne MB** rühren.
3. Zitronenschale sowie Rinder- oder Gemüsebrühe (bzw. optional Wasser und Gemüsebrühpulver) zufügen und **11–13 Min./100 °C/Linkslauf/ Sanftrührstufe/ohne MB** rühren (je nach Kartoffelsorte, bitte kontrollieren!).
4. Rumpsteak in 5 mm dicke, 3–4 cm lange Streifen schneiden.
5. Kartoffeln testen, ob sie fertig gegart sind, sonst nochmals 2–4 Min. nachkochen.
6. Das Fleisch zufügen, **30 Sek./Linkslauf/Varoma/Stufe 1/ohne MB** rühren. Curry mit Salz und Pfeffer nach Geschmack abschmecken und nach Belieben mit den Kräutern bestreut servieren.

Sauerbratenragout mit Brezenknödeln fränkische Art

4 Portionen
Zubereitung: 30 Min.
Marinierdauer: 1–2 Tage
Rührzeit: 65 Min.

Für die Marinade:

1 TL Salz
1 EL Zucker
½ TL Zimtpulver
5 Nelken
3 Pimentkörner
8 Wacholderbeeren
15 Pfefferkörner
2 Lorbeerblätter, zerkleinert
1 TL Senfkörner
400 g Suppengemüse, geputzt, gewaschen, in Stücken
100 g Zwiebeln, geschält, geviertelt
1 Knoblauchzehe, geschält
250 g trockener Rotwein
100 g Rotweinessig
320 g Wasser

Für Braten und Soße:

750 g Rinderbraten aus der Schulter oder Nuss, 1–2 cm große Stücke
20 g Sonnenblumen- oder Rapsöl
50 g Soßenlebkuchen, 1 cm große Würfel
60 g getrocknete Cranberrys
200 g Sahne
Salz
Pfeffer

1. Für die Marinade Salz, Zucker, Zimt, Nelken, Piment, Wacholderbeeren, Pfefferkörner, Lorbeerblätter und Senfkörner in den Mixtopf geben und **10 Sek./Stufe 7/mit MB** mahlen.
2. Das Suppengemüse mit den Zwiebeln und dem Knoblauch zufügen und **10 Sek./Stufe 7/mit MB** zerkleinern.
3. Rotwein, Essig, Wasser zugeben und alles **10 Min./100 °C/Stufe 1/mit MB** kochen. Abkühlen lassen.
4. Die Fleischwürfel in einen Vakuumierbeutel oder eine Vakuumdose füllen und mit der Marinade einschließlich der Gemüsestücke begießen. Das ganze Fleisch muss in der Marinade liegen, sonst mit etwas Wasser auffüllen. Einschweißen bzw. verschließen und vakuumieren. Im Kühlschrank nun 1–2 Tage ruhen lassen. Wer keine Möglichkeit für die Vakuumierung hat, gibt das Ganze in eine verschließbare Schüssel und stellt diese für 2 Tage in den Kühlschrank. Zwischendurch dann bitte mehrmals umrühren.
5. Danach die Hälfte der Brezenstücke in den Mixtopf geben und **10 Sek./Stufe 7/mit MB** zerkleinern. In eine große Schüssel umfüllen, mit der anderen Hälfte genauso verfahren. Butter, Petersilie, Milch, Salz, Pfeffer, Paprika und Majoran einwiegen und **4 Min./85 °C/Stufe 2/ohne MB** erhitzen. Auf 60 °C abkühlen lassen. Zerkleinerte Brezen und Eier dazugeben, **1 Min./Teigstufe/mit MB** mischen.
6. Varoma mit etwas Butter oder Öl einfetten. Aus dem Knödelteig mit nassen Händen 12 tischtennisballgroße Knödel formen und in den Varoma setzen. Mit dem Deckel verschließen.
7. Das Fleisch durch den Garkorb gießen, die Marinade dabei auffangen.
8. Öl im Mixtopf **1 Min./100 °C/Stufe 1/ohne MB** erhitzen. Fleischwürfel mit Gemüse zufügen und **10 Min./120 °C/Linkslauf/Stufe 1/ohne MB** andünsten (Garkorb als Spritzschutz aufsetzen). Marinade zugießen, die Soßenlebkuchenwürfel und die Cranberrys zugeben. Den Varoma mit den Knödeln aufsetzen und **40 Min./Varoma/Linkslauf/Stufe 1** kochen.

Für die Knödel:
330 g altbackene Brezen, 1 cm große Stücke
oder ein anderes Laugengebäck
50 g Butter
20 g gehackte Petersilie, frisch oder TK, aufgetaut
200 g Milch
½ TL Salz
2 Prisen Pfeffer
1 Prise Paprikapulver
1 Prise getrockneter Majoran
3 Eier, M
etwas Öl oder Butter

9. Varoma mit den Knödeln auf einen Teller setzen, mit einem Handtuch warmhalten. Sahne in das Ragout gießen, **30 Sek./Linkslauf/Stufe 1/ohne MB** mischen. Mit Salz und Pfeffer abschmecken

10. Ragout mit den Brezenknödeln servieren.

Wer die Marinierzeit einhält, spart später viel Zeit: Am Zubereitungstag selbst rührt der Thermomix® das Ragout von selbst, die Knödel sind schnell gedreht und die Soße ist fix abgeschmeckt.

Marinierte Schweinerippchen mit Karottengemüse aus dem Varoma

4 Portionen
Zubereitung: 15 Min.
Rührzeit: 67 Min.

Marinade:

35 g Grillgewürz (z. B. Ratzfatz-BBQ-Rub aus dem Buch Gewürze aus dem Thermomix®)
½ TL Salz
⅓ TL Chilipulver (optional)
65 g Ahornsirup
1 Bio-Zitrone, Saft und Schalenabrieb
2 EL Wasser
15 g Tomatenmark

Für die Spareribs

2 kg dicke, fleischige Schweinerippchen, in einzelne Stücke geschnitten
60 cm Bratschlauch
2 Zwiebeln, geschält, geviertelt
800 g Wasser
500 g Karotten, geputzt, geschält, 1 cm breite Scheiben

1. Zutaten für die Marinade in den Mixtopf geben und **20 Sek./Stufe 3/ohne MB** mischen. Dann in eine Schüssel umfüllen. Den Mixtopf nicht spülen.
2. Die Rippchen von allen Seiten mit der Marinade einpinseln. In den Bratschlauch füllen, die Zwiebeln zufügen und den Bratschlauch an beiden Enden zubinden, in den Varoma legen und diesen mit dem Deckel verschließen. Wasser einwiegen, Varoma aufsetzen und Rippchen **45 Min./Varoma/Stufe 1.5** dämpfen.
3. Die Karotten in den Garkorb legen. Zum Ende der Kochzeit in den Mixtopf einhängen, wieder verschließen und Varoma aufsetzen. **16 Min./Varoma/Stufe 1.5** rühren.
4. Varoma auf einen Teller setzen und mit einem Handtuch warm halten. Garkorb mit dem Spatel herausziehen und mit einem Teller abgedeckt ebenfalls warm halten. Die Kochflüssigkeit in eine Schüssel umschütten.
5. Lauchzwiebeln und Tomaten im Mixtopf **15 Sek./Stufe 10/mit MB** mixen.
6. Restliche Zutaten für die Soße zugeben (den Fleischsaft aus dem Bratenschlauch ebenfalls zufügen) und **5 Min./120 °C/Stufe 4/mit MB** kochen. Mit Salz und Pfeffer abschmecken.
7. Rippchen mit den Karotten und der Soße servieren.

Für die Soße:
25 g Lauchzwiebeln, geputzt, gewaschen, in Stücken
100 g Cocktailtomaten, gewaschen
50 g Mehl
restliche Marinade der Spareribs
200 g Fleischsaft aus dem Bratschlauch
250 g Kochflüssigkeit
20 g Tomatenmark
80 g Curryketchup
1 Prise Chilipulver
1 Prise Pfeffer
1 Prise Ingwerpulver
1 Prise Knoblauchgranulat
Salz

Zu den Rippchen passen ein frischer gemischter Salat und/oder Kräuterbaguette sehr gut.

Wer nicht auf die Röststoffe verzichten will, gibt den Rippchen entweder mit einem Küchenbunsenbrenner noch etwas Farbe oder grillt sie noch 10 Min. im vorgeheizten Backofen.

Schweinemedaillons mit Äpfeln, Salbei und Spätzle

4 Portionen
Zubereitung: 10 Min.
Rührzeit: 28 Min.

500 g Schweinefilet, pariert
Salz
Pfeffer
500 g Wasser
300 g Äpfel, gewaschen, entkernt, in Scheiben
1 TL Paprikapulver
500 g Spätzle aus dem Kühlregal oder selbst gemacht
200 g Schlagsahne
100 g Cidre oder Apfelsaft
4–5 frische Salbeiblätter, gewaschen, gehackt
1 EL Stärkemehl, in 2 EL Wasser angerührt
50 g Wasser
10 g Gemüse- oder Hühnerbrühpulver

Wer mag, gibt bei Punkt 3 noch 1 EL Bratensoße instant dazu und kocht sie mit auf. Eventuell dann 1 MB mehr Wasser zufügen.

1. Das Filet in 2 Stücke schneiden und rundum salzen und pfeffern.
2. Wasser in den Mixtopf einwiegen, Deckel aufsetzen.
3. Varoma mit Backpapier auslegen, Filetstücke nebeneinander daraufgeben, mit den Apfelscheiben belegen, mit Paprikapulver bestreuen. Das Backpapier zufalten und den Einlegeboden einhängen. Die Spätzle darin verteilen (zusammenklebende auseinanderziehen). Mit dem Deckel verschließen, Varoma mit Einlegeboden auf den Mixtopf setzen, **25 Min./Varoma/Stufe 1** garen. Danach den Varoma auf einen Teller stellen und warmhalten.
4. Mixtopf ausschütten. Sahne, Cidre oder Apfelsaft, Salbei, angerührte Stärke, Wasser und Brühpulver hineingeben und **3 Min./Varoma/Stufe 1.5/mit MB** kochen. Fleischsaft aus dem Varoma einrühren und Soße mit Salz und Pfeffer abschmecken.
5. Medaillons mit Spätzle, Apfelscheiben und Soße servieren.

Beef-Stew mit Mais und Bohnen

4 Portionen
Zubereitung: 10 Min.
Rührzeit: 40 Min.

400 g Tomaten, gewaschen, halbiert
50 g rote Zwiebeln, geschält, geviertelt
10 g Olivenöl
10 g Tomatenmark
400 g Hackfleisch nach Belieben (gemischt, Rinder- oder Lammhack) oder sehr klein gewürfeltes Fleisch
20 g Gemüse-Basispaste oder 5 g Rinderbrühpulver
400 g Kidneybohnen aus der Dose
285 g Mais aus der Dose
2 EL Zitronensaft
1 TL Zucker
1 geh. TL Paprikapulver
1–2 Prisen Chilipulver (optional)
Salz
Pfeffer
2 EL frische Petersilie, gehackt

1. Die Tomaten im Mixtopf **10 Sek./Stufe 8/mit MB** zerkleinern, dann in eine Schüssel umfüllen.
2. Zwiebel im Mixtopf **4 Sek./Stufe 6/mit MB** hacken, mit dem Spatel nach unten schieben. Öl zufügen und **3 Min./Varoma/Stufe 1/ohne MB** dünsten. Tomatenmark zufügen und nochmals **1 Min./Varoma/Stufe 1/ohne MB** garen.
3. Das Hackfleisch dazugeben und **5 Min./Varoma/Stufe 1/Linkslauf/ohne MB** dünsten (ggfls. den Spatel zu Hilfe nehmen).
4. Die zerkleinerten Tomaten, Gemüse-Basispaste oder Rinderbrühpulver, abgetropfte Bohnen und Mais in den Mixtopf geben und **25 Min./105 °C/Stufe 1/Linkslauf/mit MB** kochen.
5. Zitronensaft, Zucker, Paprikapulver und nach Belieben Chilipulver zugeben, weitere **5 Min./Varoma/Stufe 1/Linkslauf/ohne MB** rühren.
6. Beef-Stew mit Salz und Pfeffer abschmecken und mit der Petersilie bestreut servieren.

Wer mag, kocht als Beilage dazu noch Nudeln, zum Beispiel Fusilli.

Rindfleischtopf mit Gemüse

4 Portionen
Zubereitung: 30 Min.
Rührzeit: 58 Min.

100 g Zwiebeln, geschält, geviertelt
2 Knoblauchzehen, geschält
20 g Olivenöl
700 g Rindfleisch (aus Schulter, Schlegel oder Gulasch), 2 cm große Würfel
400 g stückige Tomaten aus der Dose
350 g Fleischbrühe oder 350 g Wasser und 30 g Rindersuppenpulver
1 Lorbeerblatt
1–2 Chilischoten, geputzt, gewaschen, in Ringe geschnitten
400 g Kartoffeln, festkochend, geschält, gewürfelt
250 g rote Paprika, geputzt, gewaschen, in Stücken
200 g Karotten, geputzt, geschält, in Stücken
1 TL Paprikapulver
Salz
Pfeffer
1 EL Petersilienblätter

1. Zwiebeln und Knoblauch im Mixtopf **4 Sek./Stufe 6/mit MB** zerkleinern, dann mit dem Spatel nach unten schieben. Öl zugeben, **3 Min./120 °C/ Stufe 1/ohne MB** dünsten.
2. Fleisch zugeben und **5 Min./Varoma/Linkslauf/Stufe 1/ohne MB** anbraten.
3. Tomaten, Fleischbrühe, Lorbeerblatt und Chili zufügen und **25 Min./ Varoma/Linkslauf/Stufe 0.5/ohne MB** garen.
4. Kartoffeln, Paprika und Karotten zugeben und alles **25 Min./100 °C/ Linkslauf/Stufe 0.5/ohne MB** kochen.
5. Rindfleischtopf mit Paprikapulver, Salz und Pfeffer abschmecken. Lorbeerblatt entfernen und mit den Petersilienblättern bestreut servieren.

Schupfnudeln mit Sauerkraut und Kabanossi

4 Portionen
Zubereitung: 5 Min.
Rührzeit: 25 Min.

1000 g Schupfnudeln
500 g Sauerkraut
1 TL Paprikapulver
1 TL Aio-Gewürz (s. S. 16)
1 TL Honig
1 MB Gemüsebrühe
250 g Kabanossi, in Scheiben
500 g Wasser
etwas frische Petersilie (optional)
200 g Tomaten, gewaschen

1. Varoma mit einem Bogen Backpapier auslegen, die Schupfnudeln darauf verteilen (zusammenklebende mit den Fingern auseinanderziehen). Das Sauerkraut daraufgeben. Mit dem Paprikapulver, dem Aio-Gewürz und dem Honig bestäuben bzw. beträufeln und soweit möglich mischen.
2. Gemüsebrühe darübergießen und die Kabanossi auf dem Sauerkraut verteilen.
3. Wasser in den Mixtopf wiegen, Deckel aufsetzen, Varoma aufstellen, mit dem Deckel verschließen und alles **25 Min./Varoma/Stufe 1.5** garen.
4. Vor dem Servieren noch vermischen. Auf Teller verteilen, Petersilienblättchen darüberstreuen und die in Scheiben geschnittenen Tomaten dazu reichen.

FEINE GEFLÜGEL-GERICHTE

Hähnchenstreifen in Aprikosen-Mascarpone-Creme

4 Portionen
Zubereitung: 25 Min.
Rührzeit: 27 Min.

600 g Hähnchenbrust
Kräutersalz
Pfeffer
Paprikapulver
2 EL Olivenöl
100 g Lauchzwiebeln, geputzt, gewaschen
410 g Aprikosen im eigenen Saft aus der Dose
70 g Petersilienwurzeln, geputzt, gewaschen
1 mittelgroße rote Zwiebel, ca. 60 g, geschält
300 g Karotten, geputzt, gewaschen
200 g Zucchini, geputzt, gewaschen
450 g Wasser
1 EL Gemüsebrhpulver oder Gemüse-Basispaste
150 g Mascarpone
2 EL Stärkemehl

1. Einen Bogen Backpapier schräg auf den Varoma legen.
2. Hähnchenbrust waschen, in Streifen schneiden, mit Kräutersalz, Pfeffer und Paprikapulver würzen, mit dem Olivenöl einreiben und auf das Backpapier setzen.
3. Lauchzwiebeln klein schneiden und auf dem Fleisch verteilen. Aprikosen abtropfen lassen und dazulegen. Das Backpapier so weit möglich zusammenfalten. Den Deckel daraufsetzen.
4. Petersilienwurzel in grobe Stücke schneiden, Zwiebel vierteln und beides zusammen im Mixtopf **5 Sek./Stufe 6/mit MB** zerkleinern. Mit dem Spatel nach unten schieben.
5. Karotten und Zucchini in schräge Stücke schneiden und in den Garkorb legen.
6. Wasser und Gemüsebrühpulver oder Gemüse-Basispaste in den Mixtopf einfüllen, Garkorb einhängen, Varoma aufsetzen und alles **24 Min./Varoma/Stufe 1.5** kochen.
7. Varoma auf einen Teller setzen, Garkorb mithilfe des Spatels herausheben. Das Gemüse in eine Servierschüssel umfüllen, mit etwas Kräutersalz bestreuen, abdecken und warm halten.
8. Den Mascarpone in den Garsud geben und den ausgetretenen Saft aus dem Varoma dazugießen. Die Stärke zufügen und alles **2 Min./Varoma/Stufe 2/mit MB** aufkochen, danach ein dickes Tuch auf den Deckel legen und das Ganze **15 Sek./Stufe 10/mit MB** pürieren.
9. Soße nach Belieben mit Salz und Pfeffer abschmecken und alles gemeinsam servieren.

Entenbrust, Wurzelgemüse und Zwiebel-Wein-Sahne-Soße

4 Portionen
Zubereitung: 20 Min.
Rührzeit: 37 Min.

100 g weiße Zwiebeln, geschält, geviertelt
10 g Sonnenblumenöl
10 g Tomatenmark
250 g trockener Weißwein
350 g Geflügelfond
500 g Karotten, geputzt, gewaschen
400 g Petersilienwurzeln, geputzt, gewaschen
750 g Entenbrüste (3–4 Stück)
Salz
Pfeffer
1 TL Paprikapulver
1 TL getrockneter Oregano
3 Lauchzwiebeln, geputzt, gewaschen
Bratschlauch
180 g Schlagsahne
20 g Gemüse-Basispaste oder 10 g Gemüsebrühpulver
15 g (2 gestr. EL) Mondamin Soßenbinder
Ggfls. etwas frische Petersilienblätter, gehackt
30 g Kräuterbutter

1. Die Zwiebeln im Mixtopf **5 Sek./Stufe 5/mit MB** zerkleinern, mit dem Spatel nach unten schieben und Vorgang wiederholen.
2. Sonnenblumenöl einwiegen, Tomatenmark zugeben und alles **4 Min./120 °C/Stufe 0.5/ohne MB** garen. Dann Wein und Fond zugießen. Mit dem Deckel verschließen.
3. Den Varoma aufsetzen und mit Backpapier auslegen.
4. Die Karotten und die Petersilienwurzeln längs halbieren oder vierteln. Alles in den Varoma geben, soweit möglich das Backpapier zufalten, verschließen und dann **10 Min./Varoma/Stufe 1.5** rühren.
5. In der Zwischenzeit die Entenbrüste waschen, mit Küchenpapier trocken tupfen und die Haut bzw. Fettschicht abziehen. Salzen, pfeffern, mit dem Paprikapulver und dem Oregano würzen und die Gewürze mit nassen Händen fest in das Fleisch einmassieren. Entenbrüste mit den halbierten Lauchzwiebeln in den Bratschlauch füllen, diesen zubinden und auf den Einlegeboden vom Varoma legen.Varoma auf den Mixtopf aufsetzen, weitere **20 Min./Varoma/Stufe 1.5** dämpfen.
6. Varoma auf einen Teller setzen, Bratschlauch vorsichtig aufschneiden und den Fleischsaft in den Mixtopf schütten.
7. Schlagsahne, Gemüse-Basispaste oder Gemüsebrühpulver, etwas Pfeffer und Soßenbinder zufügen, Mixtopf verschließen, MB einsetzen und mit einem Tuch abdecken. **25 Sek./Stufe 10** pürieren, **2 Min./Varoma/Stufe 1/mit MB** aufkochen, mit Salz und Pfeffer abschmecken.
8. Fleisch aufschneiden, mit Gemüse, Soße und der Petersilie sowie der Kräuterbutter für die Karotten servieren.

Sonntags-Hähnchenfrikassee mit Naturreis

4 Portionen
Zubereitung: 15 Min.
Tauzeit: 20 Min.
Rührzeit: 39–43 Min.

200 g TK-Erbsen
1–2 Zwiebeln (ca. 90 g), geschält, geviertelt
30 g Butter oder Rapsöl
250 g Naturreis (Vollkorn)
1250 g Wasser
2 TL Kräutersalz
250 g Champignons, geputzt, geviertelt oder in Scheiben
Salz
Pfeffer
400 g Hähnchenschnitzelfleisch
2 TL Gemüse-Basispaste
1 Knoblauchzehe, geschält, gehackt oder ½ TL Knoblauchgranulat
200 g Garflüssigkeit
200 g Sahne
1 geh. EL Stärkemehl
1 MB Weißwein
1 EL Petersilienblättchen (evtl. gehackt)

1. Erbsen 20 Min. lang antauen lassen.
2. Zwiebelstücke im Mixtopf **4 Sek./Stufe 6/mit MB** zerkleinern, dann mit dem Spatel nach unten schieben. 10 g Rapsöl oder Butter zufügen und Zwiebel **5 Min./100 °C/Stufe 1/ohne MB** dünsten. In eine Schüssel umschütten.
3. Reis in den Gareinsatz wiegen, unter lauwarmem Wasser abspülen, dann in den Mixtopf einhängen. Wasser einwiegen. Kräutersalz und 10 g Rapsöl oder Butter auf den Reis geben. **16 Min./Varoma/Stufe 3/mit MB** garen.
4. In der Zwischenzeit Varoma mit einem Bogen Backpapier auslegen.
5. Erbsen mit den Champignons in den Varoma geben, leicht salzen und pfeffern.
6. Die Hähnchenschnitzel quer zur Faser in lange Streifen schneiden und zufügen. Restliches Rapsöl oder Butter, Gemüse-Basispaste und Knoblauch hineingeben und mit zwei Gabeln gründlich durchmischen, Deckel aufsetzen.
7. Nach Ablauf der Garzeit Reis mit einer Gabel umrühren, Varoma auf den Mixtopf stellen und alles zusammen nochmals **18 Min./Varoma/Stufe 2.5** fertiggaren. Varoma auf einen Teller setzen und mit einem dicken Tuch warmhalten. Prüfen, ob der Reis weich ist, sonst nochmals **2–4 Min./Varoma/Stufe 3/mit MB** fertig garen.
8. Gareinsatz mit dem Spatel herausziehen und abgedeckt warmhalten.
9. Garflüssigkeit in einen Behälter umschütten, davon 200 g wieder in den Mixtopf wiegen. Sahne und die vorab gedünsteten Zwiebeln zufügen. Stärke mit dem Weißwein anrühren und zuschütten. Dann **10 Sek./Stufe 8/mit MB** mixen, danach **4 Min./Varoma/Stufe 2.5/mit MB** kochen. Soße mit Salz und Pfeffer abschmecken.
10. Fleisch, Gemüse und Soße mit Reis und Petersilienblättchen servieren.

Wer mag, schüttet die im Varoma gesammelte Flüssigkeit noch vor dem Aufkochen zur Soße (Varoma schnell wieder verschließen, damit Fleisch und Gemüse warm bleiben).

Orangenhähnchen süßsauer

4 Portionen
Zubereitung: 15 Min.
Rührzeit: 27 Min.

- 1 Bio-Orange, Schalenabrieb und Saft
- 1 EL Stärkemehl
- 1 TL Zucker
- 1 Prise Chilipulver
- 500 g Hähnchenbrust, 2 x 2 cm große Würfel
- 1 EL geröstetes Sesamöl
- 2 EL Sojasoße
- 200 g rote Paprika, geputzt, gewaschen, klein geschnitten
- 300 g Jasminreis
- 1100 g Wasser
- 30 g Asia-Basispaste
- 15 g neutrales Öl oder Butter
- 350 g Garflüssigkeit
- 40 g Apfelessig
- 40 g Zucker oder gemahlener Palmzucker oder 50 g Honig
- ½ TL Salz
- 1 Chilischote, gewaschen, entkernt oder getrocknet, in Stücken
- 1 EL frische Schnittlauchröllchen

1. Orangenschale, Stärkemehl, Zucker und Chilipulver in einer Schale oder im Mixtopf **10 Sek./Stufe 4/mit MB** mischen. Über die Hähnchenbrustwürfel schütten und mit den Händen einkneten. Sesamöl und Sojasoße zufügen, nochmals gründlich vermischen.
2. Einen Bogen Backpapier in den Varoma legen, das marinierte Fleisch daraufgeben, die Paprikawürfel darüber verteilen. Das Backpapier so weit möglich zufalten, mit dem Deckel verschließen.
3. Jasminreis in den Garkorb wiegen, unter klarem Wasser kurz spülen und Garkorb in den Mixtopf einhängen. Das Wasser in den Mixtopf einwiegen, Asia-Basispaste und Öl oder Butter auf den Reis geben. Varoma aufsetzen und alles **23 Min./Varoma/Stufe 3** garen.
4. Varoma auf einen Teller setzen, mit einem Handtuch warmhalten. Garkorb mithilfe des Spatels herausziehen, abgedeckt warmhalten.
5. Garflüssigkeit in einen Behälter umschütten. 350 g davon wieder in den Mixtopf wiegen, Orangensaft, Essig, Zucker, Salz und Chili zufügen. **3 Min./120 °C/Stufe 3/ohne MB** kochen. Soße mit Salz und Pfeffer nach Wunsch abschmecken.
6. Hähnchenstücke und Paprika mit dem Schnittlauch bestreuen, mit der Soße und dem Reis servieren.

Afrikanischer Hähnchentopf mit Gemüse

4 Portionen
Zubereitung: 15 Min.
Marinierdauer: 30–60 Min.
Rührzeit: 31 Min.

1 EL Paprikapulver
1 EL Currypulver
1 TL Salz
½ TL Pfeffer
1 TL Zucker
1 Prise Zimtpulver
1 EL getrocknete Kräutermischung (z. B. Salatkräuter)
½ MB Wasser
1 EL Olivenöl
1,4 kg kleinere Hähnchenteile (z. B. Flügel)
100 g Zwiebeln, geschält
1 Knoblauchzehe, geschält
250 g Tomaten, gewaschen
1 rote Paprika (ca. 200 g), geputzt, gewaschen
1 gelbe Paprika (ca. 200 g), geputzt, gewaschen
400 g stückige Tomaten aus der Dose
250 g Geflügelbrühe oder 250 g trockener Weißwein
1 EL frisches Basilikum oder Petersilie, gehackt

Soll das Gemüse eher knackig sein, dann erst nach 15 Min. Kochdauer auf die Hähnchenteile im Varoma legen.

1. Paprikapulver, Curry, ½ TL Salz, Pfeffer, Zucker, Zimt und getrocknete Kräutermischung in den Mixtopf geben und **20 Sek./Stufe 10/mit MB** mahlen. Dann in eine mittelgroße Schüssel umfüllen, Wasser und Öl zufügen und zu einer streichfähigen Paste anrühren.
2. Die Hähnchenteile waschen. Wer mag, zieht die Haut ab. Fleisch von allen Seiten mit der Paste einpinseln und 30–60 Min. im Kühlschrank marinieren lassen.
3. In der Zwischenzeit das Gemüse klein schneiden.
4. Tomaten aus der Dose, Geflügelbrühe oder Weißwein in den Mixtopf geben und das restliche Salz zufügen. Den Varoma aufsetzen, das geschnittene Gemüse hineingeben und die marinierten Hähnchenteile daraufsetzen. Den Deckel aufsetzen und alles **30 Min./Varoma/Stufe 1** garen.
5. Varoma auf einen Teller heben, Soße mit Salz und Pfeffer abschmecken. Das Fleisch mit dem Gemüse, der Soße und den frischen Kräutern bestreut servieren.

Butter-Chicken-Tikka-Masala

4 Portionen
Zubereitung: 10 Min.
Marinierdauer: 2 Std.
Rührzeit: 25 Min.

1 Bio-Zitrone oder -Limette, Schalenabrieb
4 Knoblauchzehen (20 g), geschält
25 g Ingwerpaste oder 20 g Ingwer, geschält, in Stücken
150 g Joghurt griechischer Art
1 TL Salz
1 TL Kurkuma
1 TL gemahlener Kreuzkümmel
1 TL gemahlener Koriander
1 EL Paprikapulver
1 TL Garam Masala
1–2 Msp. Chilipulver
800 g Hähnchenoberkeulensteaks (ohne Knochen und ohne Haut) oder 12–15 Oberkeulen, gehäutet und entbeint
400 g stückige Tomaten aus der Dose
25 g Tomatenmark
10 g brauner Zucker
30 g Butter, in Stücken
1 ½ MB Geflügelbrühe
4 Naanbrote oder Weizentortillas

1. Zitronen- bzw. Limettenschale, Knoblauch und Ingwerpaste im Mixtopf **4 Sek./Stufe 6/mit MB** zerkleinern, mit dem Spatel nach unten schieben.
2. Joghurt, Salz, Kurkuma, Kreuzkümmel, Koriander, Paprikapulver, Garam Masala und Chili zufügen und **30 Sek./Stufe 3/ohne MB** mischen.
3. Fett von den Hähnchensteaks schneiden, jeweils halbieren, in eine Schüssel geben, mit der Joghurtsoße übergießen, gut vermischen und 2 Std. im Kühlschrank marinieren.
4. Rühraufsatz einstecken. Tomatenstücke, Tomatenmark, Zucker und Butter in den Mixtopf geben, die Hähnchensteaks mitsamt der Marinade und der Geflügelbrühe zufügen. **25 Min./100 °C/Linkslauf/Stufe 0.5/mit MB** rühren.
5. Mit Salz und Pfeffer abschmecken, mit Naanbrot oder Tortillas servieren (wer mag, kann diese kurz im Backofen erwärmen).

Wer lieber Reis dazu möchte, gart diesen zum Beispiel wie im Rezept für die Gefüllten Auberginen (siehe Seite 64) in der Zwischenzeit (25 Min. vor Ende der Marinierzeit) im Garkorb und hält ihn bis zum Essen warm. Außerdem passt Blattsalat sehr gut zu diesem Gericht.

Ungarisches Paprikahähnchen

4 Portionen
Zubereitung: 10 Min.
Marinierdauer: 2 Std.
Rührzeit: 25 Min.

50 g Butter
6 TL Paprikapulver
1 TL schwarzer Pfeffer
30 g Knoblauchzehen (ca. 6 Stück), geschält, grob gehackt
15 g Gemüsebrühpulver oder 30 g Gemüse-Basispaste
4 Hähnchenbrüste (ca. 600 g)
400 g rote Paprika, geputzt, gewaschen, in Streifen
200 g grüne Paprika, geputzt, gewaschen, in Streifen
200 g gelbe Paprika, geputzt, gewaschen, in Streifen
200 g Zwiebeln, geschält, in Ringen
2 Prisen Räuchersalz

Für den Reis:
250 g Basmatireis mit Wildreis
½ TL Salz
10 g Butter
1250 g Geflügelbrühe oder
1250 g Wasser und 30 g Hühnerbrühpulver

Für die Soße:
10 g Paprikapulver (2 TL)
35 g Mehl
200 g Crème fraîche
100 g Schlagsahne oder Kochsahne
Salz
Pfeffer

1. 30 g Butter, Paprikapulver, Pfeffer, Hälfte vom Knoblauch und Gemüsebrühpulver oder Gemüse-Basispaste im Mixtopf **3 Min/100 °C/Stufe 1/ohne MB** dünsten.
2. Die Hähnchenbrüste waschen, trocknen und mit der Butter-Gewürz-Mischung von allen Seiten einstreichen. Dann in den Varoma-Einlegeboden geben.
3. Paprikastreifen, Zwiebelringe und den restlichen Knoblauch in den Varoma geben und mit dem Räuchersalz bestreuen. Einlegeboden einhängen, mit dem Deckel verschließen.
4. Reis in den Garkorb messen und in den Mixtopf einhängen, Salz und restliche Butter daraufgeben. Geflügelbrühe (oder Wasser und Hühnerbrühpulver) über den Reis in den Mixtopf schütten, **10 Sek./Stufe 5/mit MB** mixen, mit dem Deckel verschließen.
5. Varoma mit dem Gemüse und den Hähnchenbrüsten aufsetzen und alles **35 Min./Varoma/Stufe 2** rühren. Nach 10 Min. und nach 20 Min. Reis bitte mit einer Gabel einmal umrühren und auflockern.
6. Varoma auf einen Teller stellen, Garkorb mithilfe des Spatels herausziehen und warmhalten.
7. Für die Soße das Paprikapulver in die restliche Garflüssigkeit (ca. 300 g) geben, Mehl, Crème fraîche und Sahne zufügen, **3.30 Min./100 °C/Stufe 3/mit MB** rühren. Mit Salz und Pfeffer abschmecken.
8. Reis mit dem Gemüse und den Hähnchenbrüsten sowie der Soße servieren. Wer mag, garniert noch mit frischen Kräutern.

Sehr dicke Hähnchenbrüste halbieren, damit sie auch sicher gar werden. Zur Kontrolle nach Kochzeitende mit einem Messer anstechen: Läuft rötliches Wasser heraus, noch 5 Min. nachkochen.

Sahne oder auch Sauerrahm lassen sich durch 100 g Cashewnüsse ersetzen: einfach 3 bis 5 Std. lang in Wasser einweichen, dann **1 Min./Stufe 10/mit MB** mit der Garflüssigkeit mixen.

Putenspieße in Zitronen-Kräuter-Marinade mit Zimtkarotten

4 Portionen
Zubereitung: 15 Min.
Marinierdauer: 1 Std.
Rührzeit: 30 Min.

Für die Spieße:

600 g Putenbrust oder Putensteaks, in mundgerechten Stücken
80 g rote Zwiebeln, geschält, in Stücken
150 g geräucherter Schinkenspeck, 5 mm dick, in mundgerechten Stücken
12 Holzspieße (kurz)
500 g Wasser

Für die Marinade:

1 Bio-Zitrone, Saft und Schalenabrieb
2 TL mittelscharfer Senf
3 EL Olivenöl
½ TL Salz
1 Prise Pfeffer
1 Prise gemahlener Piment
½ TL Paprikapulver
½ TL Curry

Für die Zimtkarotten:

500 g Karotten geputzt, geschält
30 g Butter
¼ TL Zimtpulver
1 Prise Zucker
1 EL Zitronensaft
1 Prise Salz

1. Fleischstücke, Zwiebeln und Schinkenspeck abwechselnd auf die Spieße stecken. Die Zutaten für die Marinade in einer Tasse gründlich vermischen und die Spieße damit von allen Seiten einstreichen. 1 Std. im Kühlschrank durchziehen lassen.
2. Wasser in den Mixtopf einwiegen, mit dem Deckel verschließen, Varoma aufsetzen. Die Spieße im Varoma und Einlegeboden verteilen.
3. Karotten evtl. mithilfe eines Gemüseschneiders klein würfeln. Butter mit dem Zimt, dem Zucker, dem Zitronensaft und dem Salz im Mixtopf **2 Min./100 °C/Stufe 1/ohne MB** schmelzen. Die Karottenstücke auf und um die Spieße herum verteilen und mit der Würzbutter beträufeln. Deckel aufsetzen und alles **28 Min./Varoma/Stufe 1.5** garen.
4. Spieße mit dem Karottengemüse servieren.

Dazu schmeckt ein einfacher Sauerrahmdip oder eine Zitronenmayonnaise sehr gut.

Entenschenkel Ingwer-Orange mit Paprika

4 Portionen
Zubereitung: 20 Min.
Rührzeit: 65 Min.

500 g rote Paprika, geputzt, gewaschen, 1 cm breite Streifen
Salz
Pfeffer
2 EL Olivenöl
2 EL Zitronensaft
200 g Orangenmarmelade
3 cm Bio-Ingwer, gewaschen, fein gehackt (wenn nicht bio, dann geschält)
4 TL Paprikapulver
300 ml Hühnerfond
ca. 1 kg Entenschenkel (4–5 Stück), frisch oder TK, aufgetaut
1200 g Wasser
700 g Kartoffeln, geschält, in Stücken
1 kleiner Zweig Rosmarin

1. Paprikastücke mit Salz, Pfeffer, Olivenöl und 1 TL Zitronensaft in einer Schüssel gründlich mischen.
2. Marmelade, restlichen Zitronensaft, Ingwer, 2 TL Paprikapulver, 1 TL Salz und ¼ TL Pfeffer mit dem Hühnerfond im Mixtopf **5 Min./100 °C/Stufe 2/ohne MB** kochen. Dann in eine Schüssel umschütten.
3. Entenschenkel waschen, überschüssiges Fett wegschneiden und die Haut abziehen (außer, wenn die Schenkel später im Backofen übergrillt werden sollen). Fleisch salzen, pfeffern und mit dem restlichen Paprikapulver einreiben.
4. Varoma mit einem Bogen Backpapier auslegen, die gewürzten Entenschenkel daraufgeben und die Paprikastücke rundum legen. Mit der Marmeladensoße begießen, sodass alles bedeckt ist, und mit dem Deckel verschließen. Das Wasser in den Mixtopf wiegen, den Varoma aufsetzen und alles **40 Min./Varoma/Stufe 1.5** garen.
5. Varoma absetzen, Kartoffeln in den Garkorb geben und in den Mixtopf einhängen, Rosmarin zufügen. Mit warmem Wasser auffüllen, bis die Kartoffeln fast damit bedeckt sind. Varoma wieder aufsetzen, **20 Min./Varoma/Stufe 1.5** rühren.
6. Die Entenschenkel mit den Paprikastücken, der Soße aus dem Varoma und den Kartoffeln servieren.

Wer die Haut der Entenschenkel knusprig haben will, muss sie im vorgeheizten Backofen bei 250 °C anschließend knusprig backen.

AUS SEE UND MEER

Lachs mit Gemüse

4 Portionen
Zubereitung: 10 Min.
Rührzeit: 24 Min.

500 g Brokkoli, geputzt, gewaschen
300 g Karotten, geputzt, gewaschen
50 g Lauchzwiebeln, geputzt, gewaschen
2–3 rote Zwiebeln, geschält
Salz
Pfeffer
2 EL Olivenöl
4 Lachsfilets (ca. 600 g)
½ Bio-Zitrone, Schalenabrieb
1 EL frisches Basilikum oder andere Kräuter, gehackt
500 g Wasser

1. Brokkoli in kleine Röschen, Karotten in Streifen, Lauchzwiebeln in schräge Streifen und Zwiebeln in Ringe schneiden.
2. Einen Bogen Backpapier in den Varoma legen, das Gemüse darauf verteilen, mit Salz und Pfeffer bestreuen und mit dem Öl beträufeln.
3. Lachsfilets waschen, mit einem Küchentuch etwas abtupfen, von beiden Seiten salzen und pfeffern. Einen Bogen Backpapier für den Einlegeboden zurechtschneiden und hineinlegen (sodass die seitlichen Schlitze frei bleiben). Die Lachsfilets darauflegen, mit der Zitronenschale und dem Basilikum bestreuen, den Einlegeboden auf den Varoma setzen.
4. Wasser in den Mixtopf wiegen, 1 TL Salz zugeben, Varoma mit Einlegeboden aufsetzen und mit dem Deckel verschließen. Dann alles **24 Min./ Varoma/Stufe 1.5** dämpfen.
5. Lachs mit dem Gemüse servieren.

Thunfischpasta italienisch

4 Portionen
Zubereitung: 5 Min.
Rührzeit: 30–32 Min.

- 90 g Zwiebeln, geschält, geviertelt
- 2 Knoblauchzehen, geschält
- 15 g Sonnenblumenöl
- 370 g Thunfischfilets, natur, ohne Öl, aus der Dose
- Pfeffer
- 150 g Cocktailtomaten, gewaschen, in Vierteln
- Salz
- 1500 g Wasser
- 500 g Fusilli
- 1 EL frische Petersilie, gehackt

1. Zwiebeln und Knoblauch im Mixtopf **4 Sek./Stufe 6/mit MB** zerkleinern, mit dem Spatel nach unten schieben. Öl zufügen und Gemüse **5 Min./100 °C/Stufe 1/ohne MB** dünsten. Thunfisch ohne Saft, Pfeffer und Tomaten zufügen, **6 Min./100 °C/Linkslauf/Stufe 1/ohne MB** garen. Soße mit Salz und Pfeffer abschmecken, in eine Schüssel umschütten und warmhalten.
2. Wasser und 2 TL Salz in den Mixtopf wiegen (muss nicht gespült werden) und in **10 Min./100 °C/Stufe 2/mit MB** zum Kochen bringen. Die Nudeln zufügen und je nach Herstellerangaben **8–10 Min./100 °C/Linkslauf/Stufe 1/mit MB** al dente kochen. Nudeln abgießen, dabei 100 ml vom Nudelwasser auffangen.
3. Die Soße mit diesem Nudelwasser und den Nudeln in den Mixtopf geben und **3 Min./100 °C/Linkslauf/Stufe 1/mit MB** erhitzen. Mit Salz und Pfeffer abschmecken, mit der Petersilie bestreut servieren.

Garnelen mit Fettuccine in Sahnecreme

4 Portionen
Zubereitung: 5 Min.
Rührzeit: 22 Min.

- 10 g Olivenöl plus etwas zum Einfetten des Varoma
- 500 g frische Fettuccine aus dem Kühlregal
- 500 g Garnelen ohne Schale, frisch oder TK, aufgetaut
- 200 g Schlagsahne
- 200 g Geflügelbrühe oder 100 g Wasser und 1 TL Geflügelbrühpulver
- 100 g Schmand
- Salz
- Pfeffer
- etwas geriebene Muskatnuss
- 1 Prise Schalenabrieb einer Bio-Zitrone
- 1 TL frischer Thymian, fein gehackt

1. Varoma einfetten, die Nudeln darin verteilen (zusammenklebende auseinanderzupfen).
2. Restliches Olivenöl und Garnelen in den Mixtopf geben und **2 Min./120 °C/Linkslauf/Stufe 1/ohne MB** rühren.
3. Sahne und Geflügelbrühe (oder Wasser und Geflügelbrühpulver) zufügen, Varoma aufsetzen, mit dem Deckel verschließen und alles **16 Min./Varoma/Linkslauf/Stufe 1** garen.
4. Varoma auf einen Teller stellen, Schmand, etwas Salz, Pfeffer und frisch geriebene Muskatnuss in den Mixtopf geben, **2 Min./Varoma/Linkslauf/Stufe 1/mit MB** kochen.
5. Soße nach Wunsch abschmecken und mit den Nudeln sowie bestreut mit Zitronenschalenabrieb und Thymian servieren.

Riso di mare

4 Portionen
Zubereitung: 5 Min.
Tauzeit: 1–2 Std.
Rührzeit: 36 Min.

500 g TK-Meeresfrüchte (vorgekocht), aufgetaut
70 g Zwiebeln, geschält, geviertelt
10 g Knoblauch, geschält, fein gehackt
10 g Olivenöl
60 g Gemüse-Basispaste
400 g stückige Tomaten aus der Dose
600 g Hühner- oder Gemüsebrühe
3 MB Weißwein
350 g Basmatireis
2 Prisen Pfeffer
Salz
1 TL getrockneter Oregano, etwas frische Petersilie (optional)

Wer den Reis noch cremiger mag, verwendet Risotto-Reis. Evtl. etwas mehr Flüssigkeit zugeben.

1. Meeresfrüchte in den Garkorb geben, mit Wasser spülen und dann in einer Schüssel auftauen lassen.
2. Zwiebeln im Mixtopf **3 Sek./Stufe 6/mit MB** zerkleinern, mit dem Spatel nach unten schieben. Knoblauch und Öl zufügen, **3.30 Min./100 °C/Stufe 1/ohne MB** dünsten. Gemüse-Basispaste und Tomaten zufügen, Brühe und Weißwein zugießen und alles **6 Min./100 °C/Stufe 3/mit MB** erhitzen.
3. Nun den Reis einwiegen, **16 Min./Linkslauf/Stufe 1/mit aufgesetztem Garkorb** kochen, zwischendurch mithilfe des Spatels umrühren und testen, ob die Flüssigkeit ausreicht, sonst etwas Wasser zufügen. Der Reis sollte nun fast durchgegart sein.
4. Die abgetropften Meeresfrüchte, Pfeffer und 1 TL Salz sowie den Oregano dazugeben, mithilfe des Spatels vermischen und alles **10 Min./Linkslauf/100 °C/Stufe 1.5/mit MB** kochen.
5. Risotto mit Salz abschmecken und nach Belieben mit Petersilie bestreut servieren.

Kabeljaupäckchen mit Gemüse in Honig-Senf-Soße

4 Portionen
Zubereitung: 30 Min.
Rührzeit: 34 Min.

800 g Gemüsebrühe
20 g Gemüse-Basispaste
500 g Kartoffeln, geschält, 2–3 cm große Stücke
1 EL Sonnenblumenöl plus etwas zum Einfetten des Varoma
300 g Karotten, geschält, in Streifen
Salz
Pfeffer
1 dicke Stange Lauch, geputzt, gewaschen
4 Kabeljaufilets à ca. 150 g
1 Bio-Zitrone, dünne Scheiben
4 Zweige frischer Rosmarin
½ TL roter Pfeffer (optional)

Für die Soße:
350 g Garflüssigkeit
200 g Sauerrahm
20 g Mehl
1 EL Honig
1 EL mittelscharfer oder scharfer Senf

1. Gemüsebrühe und Gemüse-Basispaste in den Mixtopf wiegen, Gareinsatz einhängen und die Kartoffelstücke hineingeben.
2. Varoma-Einlegeboden einfetten, die Karottenstreifen darauf verteilen, leicht salzen und pfeffern und 1 EL Sonnenblumenöl daraufträufeln.
3. Lauch längs halbieren. 8 Lauchblätter in den Varoma legen. Restlichen Lauch quer in Streifen schneiden, auf die Karotten legen. Einlegeboden einhängen, mit dem Deckel verschließen. Varoma auf den Mixtopf aufsetzen und alles **20 Min./Varoma/Stufe 2** garen.
4. Varoma auf einen Teller setzen. Lauchblätter aus dem Varoma nehmen. Einen Bogen Backpapier hineinlegen. Kabeljau abwaschen, trocken tupfen, salzen und pfeffern und mit den Zitronenscheiben belegen. Jedes Fischfilet mit je 2 blanchierten Lauchblättern umwickeln und auf das Backpapier setzen. Rosmarinzweige darauf verteilen. Varoma mit Einlegeboden wieder auf den Mixtopf setzen und **10 Min./Varoma/Stufe 2** dämpfen.
5. Varoma auf einen Teller absetzen und mit einem Tuch warmhalten, Gareinsatz mit den Kartoffeln herausnehmen.
6. Garflüssigkeit in einen Behälter umschütten, 350 g davon wieder einwiegen. Sauerrahm, Mehl, Honig und Senf zufügen und **4 Min./100 °C/Stufe 3/ohne MB** erhitzen. Soße mit Salz und Pfeffer abschmecken.
7. Fisch, Gemüse und Soße mit den roten Pfefferbeeren bestreut servieren.

Fischbällchen Asia-Style

4 Portionen
Zubereitung: 20 Min.
Rührzeit: 26–28 Min.

60 g rote Zwiebeln, geschält, geviertelt
10 g Ingwer, geschält, in Stücken
15 g geröstetes Sesam- oder Erdnussöl, Rapsöl
600 g frisches Fischfilet ohne Haut und Gräten (Lachs, Kabeljau, Seelachs), in Stücken
15 g Koriandergrün, gewaschen, oder TK-Koriander, gehackt
35 g Asia-Basispaste
1 TL Schalenabrieb einer Bio-Zitronen
5 g Tomatenmark
etwas Öl zum Einfetten des Varoma
300 g Wasser
1 TL Salz
400 g Tomaten, gewaschen, in Stücken
1 TL mittelscharfer Senf
Pfeffer

1. Die Zwiebeln mit dem Ingwer im Mixtopf **5 Sek./Stufe 5/mit MB** zerkleinern, mit dem Spatel nach unten schieben. Sesamöl zufügen und Zwiebel und Ingwer **3 Min./120 °C/Stufe 1/ohne MB** dünsten. Dann 10 Min. lang abkühlen lassen.
2. Fischstücke zugeben und Koriandergrün mit den Stielen in den Mixtopf schneiden (oder gefroren mit dem Fisch zugeben). Asia-Basispaste, Zitronenschale und Tomatenmark hineingeben. Alles **15 Sek./Stufe 4.5/mit MB** zerkleinern (evtl. Spatel zu Hilfe nehmen).
3. Varoma-Einlegeboden einölen. Mit nassen Händen aus der Masse etwa 16 walnussgroße Bällchen formen und diese auf dem Einlegeboden verteilen. Dann in den Varoma einhängen. Mixtopf spülen.
4. Wasser, Salz, Tomatenstücke, Senf und etwas Pfeffer in den Mixtopf füllen, Varoma aufsetzen und alles **22 Min./Varoma/Linkslauf/Stufe 1** garen. Varoma auf einen Teller stellen.
5. Tomatensoße nach Wunsch mit Salz und Pfeffer abschmecken (wer sie sämiger mag, kann sie auch noch **10 Sek./Stufe 8/mit MB** pürieren oder mit 1 EL in kaltem Wasser angerührter Stärke **2 Min./Varoma/Linkslauf/Stufe 2.5/ohne MB** aufkochen).
6. Die Fischbällchen mit der Tomatensoße servieren.

Wer mag, kann im Varoma noch 500 g frische Nudeln nach Wahl erhitzen oder zusätzliches Gemüse wie zum Beispiel Brokkoliröschen oder in Stücke geschnittenen Fenchel mitgaren.

Meeresfrüchteomelett mit Chili

2 Portionen
Zubereitung: 10 Min.
Rührzeit: 24 Min.

6 Eier, Größe M
40 g Sahne
2 kräftige Prisen Kräutersalz
1 Prise Pfeffer
¼ TL Paprikapulver
1 kleine Chilischote, gewaschen, entkernt, gehackt
400 g Wasser
250 g gemischte Meeresfrüchte (z. B. Garnelen, Surimi, Eismeerkrabben, Venusmuschelfleisch), frisch oder TK, aufgetaut
1 Spritzer Zitronensaft
2 TL frische Kräuter, gehackt (optional)

Wer es nicht scharf mag, lässt die Chili einfach weg.

1. Ein Backpapier oval zuschneiden, sodass es den gesamten Einlegeboden vom Varoma bedeckt und bis zu den Lüftungsschlitzen reicht (sie sollen frei bleiben, damit der Dampf durchkommt, schneidet man aber zu viel ab, tropft die Eiermasse in den Mixtopf). Das Papier mit Wasser anfeuchten, auswringen, den Einlegeboden damit auslegen und auf den Varoma setzen.
2. Eier in den Mixtopf aufschlagen, Sahne, Gewürze und Chili zugeben und **15 Sek./Stufe 3.5/mit MB** mixen. Die Eiermasse in den Einlegeboden schütten (nicht über das Backpapier hinaus befüllen).
3. Wasser in den Mixtopf wiegen. Varoma mit Einlegeboden vorsichtig auf den Mixtopf setzen (damit nichts überläuft).
4. Die Meeresfrüchte in mundgerechte Stücke schneiden und mit Zitronensaft beträufeln. Auf den Eiern verteilen. Varoma mit dem Deckel verschließen und alles **18 Min./Varoma/Stufe 2** dämpfen.
5. Danach den Deckel vom Varoma heben, sodass kein Kondenswasser auf das Ei tropft.
6. Das Omelett in 2 Stücke schneiden, nach Belieben mit frischen Kräutern bestreuen und sofort servieren.

Lachs mit Gnocchi in Safransoße mit Karottensalat

4 Portionen
Zubereitung: 10 Min.
Rührzeit: 24 Min.

30 g Schalotten, geschält, halbiert
1 kleine Knoblauchzehe, geschält
10 g Rapsöl oder Butter
300 g Wasser
50 g Wermut (z. B. Cinzano, Martini etc.)
4 Lachsfilets à 150 g
Saft von 1 Zitrone
Pfeffer
Salz
8–12 Basilikumblätter
600 g Gnocchi aus dem Kühlregal
250 g Karotten, geputzt, gewaschen, in Juliennestreifen
0,05 g Safranfäden (1 Döschen)
3 EL Wasser
200 g Sahne
2 EL Stärkemehl

1. Schalotten und Knoblauch im Mixtopf **4 Sek./Stufe 6/mit MB** hacken, mit dem Spatel nach unten schieben, Öl zugeben und Gemüse **3 Min./Varoma/Stufe 1/ohne MB** dünsten. Wasser und Wermut zugießen und alles **20 Sek./Stufe 10/mit MB** mixen. Den Varoma aufsetzen.
2. Lachs abwaschen, mit der Hälfte des Zitronensaftes beträufeln, salzen und pfeffern. In den Varoma legen, die Basilikumblätter darauf verteilen.
3. Gnocchi in den Einlegeboden geben (falls welche zusammenkleben, auseinanderziehen) und diesen in den Varoma einsetzen. Mit dem Deckel verschließen, auf den Mixtopf setzen, **22 Min./Varoma/Stufe 1.5** garen.
4. In der Zwischenzeit die Karotten mit dem restlichen Zitronensaft beträufeln und mit etwas Salz und Pfeffer abschmecken.
5. Safran in 1 EL Wasser einweichen.
6. Varoma auf einen Teller heben. Sahne in die Soße geben, **3 Min./Varoma/Stufe 1/ohne MB** erhitzen. Safran mit Wasser zufügen, Stärke in dem restlichen Wasser anrühren und ebenfalls dazugeben. **1 Min./100 °C/Stufe 1/ohne MB** rühren. Mit Salz und Pfeffer abschmecken.
7. Den Lachs mit den Karottenstreifen belegen und mit der Soße und den Gnocchi servieren.

Wer Karotten lieber gedünstet mag, verteilt sie vor dem Kochen über dem Lachs.

Statt Gnocchi eignen sich auch frische Nudeln.

Lachsforellenfilets mit Schmelztomaten und Spargel

4 Portionen
Zubereitung: 10 Min.
Rührzeit: 24 Min.

4 Lachsforellenfilets à 180–200 g oder Lachs- bzw. Kabeljaufilets
Salz
Pfeffer
2 EL Zitronensaft
8 Blätter frisches Basilikum
etwas Öl zum Einfetten des Einlegebodens
400 g grüner Spargel, gewaschen, unteres Drittel geschält
250 g Cocktailtomaten an der Rispe, gewaschen
500 g lauwarmes Wasser

Ergänzend können Sie noch 500 g frische Nudeln über dem Fisch verteilen und erwärmen.

Grüner Spargel lässt sich auch durch aufgetauten weißen TK-Spargel ersetzen.

1. Einen Bogen Backpapier in den Varoma legen. Die Fischfilets abwaschen, trocken tupfen, von beiden Seiten salzen und pfeffern. Nebeneinander in den Varoma legen, mit dem Zitronensaft beträufeln und je 2 Basilikumblätter auf jedes Filet legen. Backpapier so weit möglich zufalten.
2. Einlegeboden aufsetzen und einölen. Spargel und Tomaten darauf verteilen.
3. Wasser einwiegen, Varoma und Einlegeboden aufsetzen und alles **22 Min./ Varoma/Stufe 1** garen.
4. Fisch mit Spargel und Tomaten anrichten und servieren.

VEGETARISCHES, PASTA UND KÖRNIGES

Mit Linsen und Schafskäse gefüllte Paprika

4 Portionen
Zubereitung: 30 Min.
Rührzeit: 60 Min.

100 g weiße Zwiebeln, geschält
10 g Olivenöl
300 g gelbe Tomaten oder Cocktailtomaten, gewaschen
30 g Gemüse-Basispaste oder 2 TL Rinderbrühpulver
Pfeffer
120 g rote Linsen
1100 g Wasser
2–3 Knoblauchzehen (möglichst junger Knoblauch), geschält
1 ½ TL Salz
150 g Karotten, geputzt, geschält
1 kleines Bund Petersilie, gewaschen
200 g Fetakäse (alternativ Räuchertofu)
1 EL Paprikapulver
4 große oder 6 mittelgroße Paprikaschoten, gewaschen

1. Zwiebeln vierteln und im Mixtopf **4 Sek./Stufe 5.5/mit MB** zerkleinern. Mit dem Spatel nach unten schieben. Öl zugeben und Zwiebel **3 Min./120 °C/Stufe 0.5/ohne MB** dünsten. Tomaten mit der Gemüse-Basispaste zugeben und **10 Sek./Stufe 10/mit MB** mixen. Tomatensoße pfeffern und in eine Schüssel umschütten.
2. Linsen im Garkorb abwiegen, mit kaltem Wasser gründlich spülen.
3. Wasser in den Mixtopf abwiegen, 1 TL Salz zugeben, Garkorb einhängen, 1 Knoblauchzehe halbieren und zu den Linsen geben, dann **24 Min./Varoma/Stufe 1** dämpfen. Linsen in eine Schüssel umschütten, dabei 300 ml Garflüssigkeit auffangen, und etwas abkühlen lassen.
4. Karotten in grobe Stücke schneiden. Restliche Knoblauchzehen mit der Karotte und der Petersilie (dicke Stängel abschneiden) im Mixtopf **10 Sek./Stufe 7/mit MB** zerkleinern.
5. Feta in Würfel aufschneiden, mit den abgekühlten Linsen, dem restlichen Salz, Paprikapulver und etwas Pfeffer in den Mixtopf geben und **30 Sek./Teigknetstufe/ohne MB** vermengen. Eventuell noch nach Geschmack nachwürzen.
6. Bei den Paprikaschoten oben einen Deckel abschneiden, Zwischenhäute und Kerne entfernen. Einen Bogen Backpapier in den Varoma legen, die Paprikaschoten hineinsetzen und mit der vorbereiteten Masse füllen, dann die Deckel wieder aufsetzen.
7. Die aufbewahrte Garflüssigkeit in den Mixtopf schütten und die Tomatensoße dazugeben, bei Bedarf mit Wasser verlängern auf insgesamt 600 g. Varoma aufsetzen, verschließen und Paprikaschoten **30 Min./Varoma/Stufe 1.5** kochen.
8. Varoma auf einen Teller setzen, Soße abschmecken und zu den gefüllten Paprika servieren.

Gefüllte Auberginen

4 Portionen
Zubereitung: 20 Min.
Ziehdauer: 10 Min.
Rührzeit: 27–32 Min.

4 kleinere Auberginen oder 2 große (ca. 800 g), geputzt, gewaschen
Salz
50 g Zwiebeln, geschält, geviertelt
1 Knoblauchzehe, geschält
200 g Champignons, geputzt
15 g Olivenöl
50 g Paniermehl
1 TL getrockneter Oregano
½ TL Paprikapulver
1 geh. TL getrocknete italienische Kräuter
Pfeffer
200 g Cocktailtomaten, gewaschen
100 g geriebener Emmentaler
200 g Basmatireis
20 g Gemüse-Basispaste oder 1 TL Gemüsebrühpulver
10 g Butter oder Olivenöl
1100 g lauwarmes Wasser
1 EL frische Petersilie, gehackt

1. Die Auberginen halbieren, mit Salz bestreuen und 10 Min. Wasser ziehen lassen. Dann abspülen und die Auberginenhälften so aushöhlen, dass noch etwa 5 mm Fruchtfleisch am Rand bleiben und die Auberginen gefüllt werden können.
2. Das Auberginenfruchtfleisch, die Zwiebel, den Knoblauch und die Champignons im Mixtopf **4 Sek./Stufe 6/mit MB** zerkleinern, dann mit dem Spatel nach unten schieben. Öl zugeben und **4 Min./Varoma/Stufe 1/ohne MB** dünsten. Paniermehl, Oregano, Paprikapulver und italienische Kräuter zur Masse geben, **20 Sek./Stufe 4/ohne MB** mischen, mit wenig Salz und Pfeffer abschmecken und Masse in die Auberginenhälften füllen.
3. Die Cocktailtomaten in Scheiben schneiden und die Auberginenhälften damit belegen und mit dem Emmentaler bestreuen.
4. Gareinsatz einhängen, Reis einwiegen. Gareinsatz nochmals herausnehmen und Reis mit kaltem Wasser spülen, dann Einsatz wieder einhängen. Gemüse-Basispaste oder Gemüsebrühpulver und Butter oder Olivenöl auf den Reis geben. Wasser in den Mixtopf wiegen (über den Reis schütten).
5. Varoma mit Einlegeboden aufsetzen, einen Bogen Backpapier zurechtschneiden, sodass die Schlitze frei bleiben, aber der Garsaft aufgefangen wird. Die gefüllten Auberginenhälften darauf verteilen. (Falls noch Füllung übrig ist, kann man aus dieser kleine Bällchen rollen und entweder in der Pfanne parallel in etwas Öl ausbraten oder im Varoma mitgaren). Varoma aufsetzen und **22 Min./Varoma/Stufe 2** rühren. Falls die Auberginen noch nicht ganz durch sind, den Reis im Gareinsatz herausheben, mit einem Teller und einem Handtuch abgedeckt warmhalten und die Auberginen nochmals **5 Min./Varoma/Stufe 2** weitergaren.
6. Auberginen mit dem Reis und dem im Backpapier aufgefangenen Garsud sowie den Petersilienblättchen bestreut servieren.

Wer möchte, kann zu den Auberginen einen Klecks Sauerrahm oder Tomatenketchup reichen.

Gnocchi in Tomaten-Basilikum-Soße mit Parmesan

4 Portionen
Zubereitung: 10 Min.
Rührzeit: 22 Min.

50 g Parmesan oder Grano Padano
50 g Zwiebeln (1 mittelgroße), geschält, geviertelt
1 Knoblauchzehe, geschält
10 g Olivenöl plus etwas für die Gnocchi
500 g Tomaten, gewaschen
10 g Tomatenmark
20 g Gemüse-Basispaste oder 1 TL Gemüsebrühpulver
1 Prise Zucker
Pfeffer
1 MB Wasser oder Weißwein
600 g frische Gnocchi aus dem Kühlregal
3–4 Stängel frisches Basilikum, gehackt

1. Käse in Stücken in den Mixtopf geben und **8 Sek./Stufe 8/mit MB** zerkleinern, dann in eine Schüssel umfüllen.
2. Zwiebel und Knoblauch im Mixtopf **4 Sek./Stufe 6/mit MB** zerkleinern, mit dem Spatel nach unten schieben. Öl zugeben und Gemüse **3 Min./Varoma/Stufe 1/ohne MB** andünsten.
3. Tomaten halbieren oder vierteln und mit dem Tomatenmark, der Gemüse-Basispaste, dem Zucker und etwas Pfeffer in den Mixtopf geben und **8 Sek./Stufe 8/mit MB** mixen. Mit dem Wasser oder Weißwein auffüllen.
4. Gnocchi in den Varoma legen, mit etwas Öl beträufeln. Varoma verschließen und auf den Mixtopf setzen, dann alles **18 Min./Varoma/Stufe 1.5** garen. Teller evtl. zum Vorwärmen auf den Varoma stellen.
5. Varoma auf einen Teller stellen, Tomatensoße abschmecken und ggfls. nachwürzen.
6. Gnocchi mit der Soße in Teller füllen, mit dem Parmesan und dem Basilikum bestreut servieren.

Pilz-Lauch-Topf mit Nudeln

4 Portionen
Zubereitung: 15 Min.
Rührzeit: 29 Min.

100 g rote Zwiebeln, geschält, geviertelt
20 g Knoblauchöl
400 g Wasser
30 g Asia-Gemüsepaste oder 15 g Gemüsebrühpulver
Pfeffer
400 g braune Champignons, geputzt, 5 mm dicke Scheiben oder 250 g gemischte frische Pilze in Scheiben
300 g Lauch, geputzt, gewaschen, in dünnen Scheiben
50 g Lauchzwiebeln, geputzt, gewaschen, in 1 cm dicken Stücken
etwas Öl zum Einfetten des Einlegeboden
400 g frische Nudeln aus der Kühltheke, z. B. Tagliatelle
150 g Crème fraîche

1. Zwiebeln im Mixtopf **3 Sek./Stufe 6/mit MB** zerkleinern und mit dem Spatel nach unten schieben. Knoblauchöl zufügen und Zwiebeln **3.30 Min./100 °C/Stufe 1/ohne MB** dünsten.
2. Wasser, Asia-Gemüsepaste oder Gemüsebrühpulver und 1 Prise Pfeffer dazugeben. Varoma aufsetzen, das geschnittene Gemüse hineingeben, leicht salzen und pfeffern. Den Einlegeboden einhängen, einfetten, die Nudeln darauf verteilen (auseinanderzupfen, damit sie nicht zusammenkleben). Varoma mit Einlegeboden aufsetzen und alles **25 Min./Varoma/Linkslauf/Stufe 1.5** garen.
3. Varoma auf einen Teller stellen und warmhalten.
4. Crème fraîche in den Mixtopf geben, das Gemüse aus dem Varoma und die Nudeln ebenfalls hineinschütten. Mithilfe des Spatels alles vermischen, mit Salz und Pfeffer abschmecken und sofort servieren.

Bunter Gemüseeintopf

4 Portionen
Zubereitung: 20 Min.
Rührzeit: 31 Min.

- 100 g Zwiebeln, geschält, geviertelt
- 1–2 Knoblauchzehen, geschält
- 30 g Olivenöl
- 10 g Tomatenmark
- 1 TL Zucker
- 400 g Gemüsebrühe
- 35 g Gemüse-Basispaste oder 2 TL Gemüsebrühpulver
- 1–2 rote Paprika (ca. 200 g), geputzt, gewaschen, in Stücken
- 1 gelbe Paprika (ca. 200 g), geputzt, gewaschen, in Stücken
- 350 g Auberginen, geputzt, gewaschen, in Scheiben, geviertelt
- 350 g Zucchini, geputzt, gewaschen, in Stücken
- 150 g Cocktailtomaten, gewaschen, halbiert
- 1 Prise Chilipulver
- 3 frische Salbeiblätter, fein gehackt
- Salz
- Pfeffer

1. Zwiebel und Knoblauch im Mixtopf **4 Sek./Stufe 6/mit MB** hacken, mit dem Spatel nach unten schieben. 10 g vom Öl zufügen und alles **3 Min./Varoma/Stufe 1/ohne MB** dünsten.
2. Tomatenmark und Zucker zufügen und nochmals **1 Min./Varoma/Stufe 1/ohne MB** garen. Gemüsebrühe angießen, Gemüse-Basispaste oder Gemüsebrühpulver zufügen.
3. Varoma aufsetzen und mit einem Bogen Backpapier auslegen. Das kleingeschnittene Gemüse bis auf die Cocktailtomaten darauf verteilen, mit Chilipulver bestreuen und mit dem restlichen Olivenöl beträufeln. Das Backpapier so weit möglich zusammenfalten. Deckel aufsetzen und alles **19 Min./Varoma/Stufe 1.5** garen. Dann die Tomatenhälften zum Gemüse geben (Vorsicht, sehr heiß!), Varoma wieder verschließen und alles weitere **6 Min./Varoma/Stufe 1.5** dämpfen.
4. Das Gemüse anschließend in den Mixtopf umschütten und den Salbei dazugeben. Eintopf **1 Min./Stufe 1/Linkslauf/mit MB** mischen, dann mit Salz und Pfeffer abschmecken und servieren.

Fleischfans in der Familie freuen sich über ein paar in Stücke geschnittene Frankfurter Würstchen oder Debreziner, wenn es etwas scharf sein soll. Einfach in den vorgewärmten Teller geben und die heiße Gemüsemischung darauf verteilen.

Auch ein Klecks Sauerrahm oder Crème fraîche passt gut zum Gemüse.

Semmelknödel in Pilzcreme

4 Portionen
Zubereitung: 30 Min.
Rührzeit: 65 Min.

Für die Knödel:

350 g altbackene Brötchen, 1 cm große Stücke
50 g Butter plus etwas zum Einfetten des Varoma
15 g frische Petersilie, gehackt oder TK, aufgetaut
200 g Milch
½ TL Salz
2 Prisen Pfeffer
2 ganze Eier, Größe M
2 Eigelb, Größe M

Für die Pilzcreme:

100 g Zwiebel, geschält, geviertelt
2 Knoblauchzehen, geschält
10 g Sonnenblumen- oder Rapsöl
500 g Gemüsebrühe
Salz
Pfeffer
600 g braune Champignons oder gemischte frische Pilze, geputzt
400 g Sahne
1 Prise geriebene Muskatnuss
1 EL Röstzwiebeln

1. Die Hälfte der Brotstücke in den Mixtopf geben und **10 Sek./Stufe 7/mit MB** zerkleinern. In eine große Schüssel umfüllen, mit der anderen Hälfte genauso verfahren.
2. Butter, Petersilie, Milch, Salz und Pfeffer in den Mixtopf geben und **4 Min./85 °C/Stufe 2/ohne MB** erhitzen. Auf 60 °C abkühlen lassen. Zerkleinerte Semmeln, ganze Eier und Eigelbe dazugeben und **1 Min./Teigstufe/mit MB** mischen. Masse in eine Schüssel umfüllen und etwas ruhen lassen. Mixtopf sauber spülen.
3. Zwiebeln und Knoblauch im Mixtopf **4 Sek./Stufe 6/mit MB** zerkleinern und mit dem Spatel nach unten schieben. Öl zugeben und alles **3 Min./120 °C/Stufe 1/ohne MB** garen. Die Gemüsebrühe zugießen, leicht salzen und pfeffern.
4. Varoma mit etwas Butter einfetten. Aus dem Knödelteig mit nassen Händen 8 mittelgroße Knödel formen und in den Varoma setzen. Den Varoma mit den Knödeln auf den Mixtopf aufsetzen und Knödel **20 Min./Varoma/Linkslauf/Stufe 1** kochen.
5. In der Zwischenzeit von den Pilzen die Stiele abschneiden, kleinere Pilze vierteln, größere klein oder in Scheiben schneiden, salzen und pfeffern.
6. Nach Ende der Kochzeit den Varoma herunterheben, die Pilze durch die Deckelöffnung zufügen, Varoma wieder aufsetzen und alles **15 Min./Varoma/Linkslauf/Stufe 1** weitergaren.
7. Varoma mit den Knödeln auf einen Teller setzen und mit einem Handtuch warmhalten.
8. Sahne in den Mixtopf gießen, Muskatnuss und Röstzwiebeln zufügen und Soße **4 Min./Varoma/Linkslauf/Stufe 1/ohne MB** einkochen.
9. Mit Salz und Pfeffer abschmecken.
10. Die Pilzcreme mit den Semmelknödeln servieren.

Übrige Knödel schmecken aufgeschnitten und in etwas Butter in einer Pfanne knusprig geröstet sehr fein!

Blumenkohl-Erbsen-Curry mit Nüssen

4 Portionen
Zubereitung: 15 Min.
Rührzeit: 55 Min.

Für die Soße:

1 Zwiebel (ca. 70 g), geschält, geviertelt
2 Knoblauchzehen, geschält, oder 1 TL Knoblauchgranulat
15 g Erdnuss-, Sesam- oder Sonnenblumenöl
1 TL Senfpulver
1 Prise Zimtpulver
1 Prise gemahlene Kurkuma
1 ½ EL indisches Currypulver
400 g Kokosmilch aus der Dose
1 MB Wasser oder Gemüsebrühe
1–2 Prisen Chilipulver (optional)
2 TL Kräutersalz
3 TL Zucker

Für das Gemüse:

700 g Blumenkohl, geputzt, gewaschen, in kleinen Röschen
350 g Kartoffeln, festkochend, geschält, 1 x 2 cm große Stücke
1500 g Wasser
10 g Gemüsebrühpulver oder 25 g Gemüse-Basispaste
200 g TK-Erbsen, aufgetaut
180 g Cashewnüsse oder Erdnüsse, geröstet, ungesalzen

1. Zwiebel und Knoblauch im Mixtopf **4 Sek./Stufe 6/mit MB** zerkleinern, dann Öl, Senfpulver, Zimt, Kurkuma und Curry zufügen und **3 Min./Varoma/Stufe 1/ohne MB** anschwitzen.
2. Kokosmilch, Wasser, nach Belieben Chilipulver, Salz und Zucker zufügen und **5 Min./100 °C/Stufe 1/ohne MB**, dann **10 Min./90 °C/Stufe 1/ohne MB** kochen. Danach in eine Schüssel umschütten.
3. Blumenkohlröschen in den Varoma legen, Kartoffeln in den Garkorb geben. Wasser in den Mixtopf wiegen, Gemüsebrühpulver oder Gemüse-Basispaste zufügen. Garkorb einhängen, Varoma aufsetzen und verschließen und Gemüse **25 Min./Varoma/Stufe 2** kochen.
4. Den Garkorb mit den Kartoffeln mithilfe des Spatels herausheben und mit einem Tuch abgedeckt warmhalten. Die Erbsen zum Blumenkohl geben, und das Gemüse im verschlossenen Varoma nochmals **6 Min./Varoma/Stufe 1.5** dämpfen.
5. Varoma auf einen Teller stellen, Garsud abschütten, die Kokossoße in den Mixtopf füllen und **3 Min./Varoma/Stufe 1/ohne MB** erhitzen. Dann die Kartoffeln und das Blumenkohl-Erbsen-Gemüse zufügen. **1.30 Min./100 °C/Stufe 0.5/Linkslauf/ohne MB** rühren.
6. Curry mit den Cashewnüssen bestreut servieren.

Wer mag, röstet die Cashewnüsse vorher kurz in einer Pfanne trocken an.

Falls Sie keine Nüsse mögen oder vertragen, können Sie auch gewürfelten Räuchertofu in der Pfanne kurz knusprig braten und zum fertigen Curry geben.

Spinat-Penne in Gorgonzolasoße mit rotem Pfeffer

4 Portionen
Zubereitung: 10 Min.
Rührzeit: 20–22 Min.

60 g Schalotten, geschält
1 Knoblauchzehe, geschält
20 g Butter
450 g Gemüsebrühe oder Wasser und 1 EL Gemüsebrühpulver
200 g Sahne
100 g Milch
15 g Gemüse-Basispaste
100 g frischer Babyspinat, gewaschen oder TK-Blattspinat, aufgetaut
350 g Penne
120 g Gorgonzola, in Stücken
Salz
Pfeffer
½ TL rote Pfefferkörner
ein paar Basilikumblättchen (optional)

Dazu passen auch sehr gut grob gehackte Walnüsse, die Sie zum Schluss über die Pasta streuen.

1. Schalotten und Knoblauch im Mixtopf **3 Sek./Stufe 6/mit MB** zerkleinern und mit dem Spatel nach unten schieben. Butter zufügen und alles **3 Min./120 °C/Stufe 1/ohne MB** dünsten. Gemüsebrühe (oder Wasser und Gemüsebrühpulver), Sahne, Milch und Gemüse-Basispaste zugeben und **6 Min./100 °C/Stufe 1.5/mit MB** kochen.
2. Spinat in den Mixtopf geben und **2 Min./100 °C/Linkslauf/Stufe 1/ohne MB** rühren.
3. Penne zufügen, nach Herstellerangaben bei **100 °C/Linkslauf/Stufe 1/ohne MB** bissfest kochen.
4. Gorgonzolastücke zufügen, mithilfe des Spatels verrühren, sodass der Käse schmelzen kann.
5. Nudeln mit Salz und Pfeffer sowie den roten Pfefferkörnern abschmecken und nach Belieben mit dem Basilikum garniert servieren.

Pfifferling-Kartoffel-Töpfle

4 Portionen
Zubereitung: 15–20 Min.
Rührzeit: 30 Min.

700 g Kartoffeln, vorwiegend festkochend, geschält, in Stücken
1800 g Wasser
Salz
1 Rosmarinzweig
300 g Karotten, geputzt, gewaschen, in Scheiben
250 g rote Paprika, geputzt, gewaschen, in Streifen
500 g frische Pfifferlinge, geputzt oder TK-Pfifferlinge, aufgetaut
1 Lorbeerblatt
Pfeffer
200 g Sauerrahm
100 g Schlagsahne
1 TL frischer oder ½ TL getrockneter Dill, gehackt

Wer mag, streut noch 100 g gebratene Speckwürfel oder 100 g ohne Fett geröstete Nüsse (z. B. Mandelsplitter, Cashewkerne) darüber.

1. Die Kartoffeln in den Garkorb legen und Wasser im Mixtopf wiegen. 1 TL Salz auf die Kartoffeln streuen, den Rosmarinzweig dazulegen und Deckel und Varoma aufsetzen.
2. Einen Bogen Backpapier in den Varoma legen, Karotten, Paprika, Pilze und Lorbeerblatt daraufgeben, salzen und pfeffern. Das Backpapier so weit möglich zufalten. Varoma mit dem Deckel verschließen und alles **25 Min./Varoma/Stufe 1.5** rühren.
3. Garkorb mithilfe des Spatels herausziehen und beiseitestellen.
4. Varoma auf einen Teller setzen. Kartoffelwasser in einen Behälter umschütten, dabei 200 ml auffangen und wieder in den Mixtopf geben. Sauerrahm, Sahne, Dill und etwas Pfeffer zufügen. Garflüssigkeit aus dem Varoma durch ein Sieb zuschütten und Varoma wieder verschließen. Alles **4 Min./90 °C/Stufe 3/ohne MB** kochen. Mit Salz und Pfeffer abschmecken.
5. Kartoffeln (Rosmarinzweig entfernen) und das Gemüse aus dem Varoma (Lorbeerblatt entfernen) in den Mixtopf geben und **30 Sek./Linkslauf/Stufe 2/ohne MB** mischen, dann servieren.

Zitronenrisotto mit grünem Spargel und Estragon

2 Portionen als Hauptgericht, 4 Portionen als Beilage
Zubereitung: 10 Min.
Rührzeit: 25 Min.

50 g Parmesan, in Stücken
80 g Schalotten, geschält
50 g Butter
100 g trockener Weißwein oder Wermut
600 g Hühnerbrühe (Zimmertemperatur)
2 TL Gemüse-Basispaste
750 g grüner Spargel, gewaschen, unteres Drittel geschält
260 g Risottoreis (am besten Carnaroli)
1 Prise Pfeffer
1–2 TL frischer Estragon, gehackt oder 1 TL getrocknet
1 Bio-Zitrone, Schalenabrieb

1. Parmesan im Mixtopf **10 Sek./Stufe 8/mit MB** zerkleinern und in eine Schüssel umfüllen.
2. Schalotten im Mixtopf **4 Sek./Stufe 6/mit MB** zerkleinern und mit dem Spatel nach unten schieben. 30 g Butter zugeben und Schalotten **3 Min./100 °C/Stufe 1/ohne MB** dünsten. Rühraufsatz einstecken. Mit dem Weißwein oder Wermut und der Hühnerbrühe ablöschen, Gemüse-Basispaste zufügen.
3. Spargelspitzen abschneiden und in eine Schüssel geben. Die restlichen Stangen in 2 cm lange Stücke schneiden. Varoma aufsetzen, Spargelstücke hineingeben, mit dem Deckel verschließen. **10 Min./Varoma/Stufe 1/ohne MB** erhitzen. Varoma absetzen.
4. Reis zufügen, Varoma wieder aufsetzen, **10 Min./100 °C/Linkslauf/Stufe 1/ohne MB** rühren. Spargelspitzen und Spargel in den Mixtopf zum Reis geben, Parmesan zugeben und alles **5 Min./100 °C/Linkslauf/Stufe 1** garen.
5. Restliche Butter, Pfeffer, Estragon und Zitronenschalenabrieb zugeben, **30 Sek./Linkslauf/Stufe 1/ohne MB** mischen und servieren.

Die endgültige Kochzeit und Flüssigkeitsmenge hängt stark von der verwendeten Reissorte und vom Hersteller ab. Wenn der Reis zum Ende der Kochzeit noch nicht weich ist, bei Bedarf etwas Brühe oder heißes Wasser nachgießen und die Kochzeit verlängern.

Zoodles mit Pesto

4 Portionen
Zubereitung: 10 Min.
Rührzeit: 26 Min.

- 1 kg mittelgroße Zucchini, geputzt, gewaschen,
- 50 g Parmesan oder Grano Padano, in Stücken
- 20 g frisches Basilikum oder Petersilie, gewaschen
- 1 Knoblauchzehe (5 g), geschält
- 100 g Schlagsahne
- ½ TL Salz
- 1 Prise Pfeffer
- 10 g Olivenöl
- 500 g Wasser

1. Zucchini mit einem Spiralschneider in Spaghettiform schneiden. 2 Gabeln mit dem Gabelkopf nach untenin den Varoma legen (so verteilt sich der Dampf besser), einen Bogen Backpapier darauflegen und die Zoodles darauf verteilen.
2. Den Käse im Mixtopf **10 Sek./Stufe 8/mit MB** zerkleinern und dann in eine Schüssel umfüllen.
3. Basilikum mit einer Schere in den Mixtopf schneiden. Mit dem Knoblauch **5 Sek./Stufe 5/mit MB** hacken und mit dem Spatel nach unten schieben.
4. Schlagsahne, Salz, Pfeffer und Olivenöl zufügen und **20 Sek./Stufe 8/mit MB** mixen. Soße über die Zucchini schütten.
5. Wasser in den Mixtopf einwiegen, Deckel und Varoma aufsetzen, mit dem Deckel verschließen und alles **25 Min./Varoma/Stufe 1** garen.
6. Die Zoodles mit dem Parmesan betreut servieren.

FRIKADELLEN UND GEHACKTES MAL ANDERS

Cordon-bleu-Frikadellen mit Kartoffelbrei

4 Portionen
Zubereitung: 20 Min.
Rührzeit: 28 Min.

150 g gekochter Schinken
180 g Emmentaler
400 g Hähnchenfilet
2 Eier, Größe M
1 TL Kräutersalz
1 Prise schwarzer Pfeffer
1 EL Kresse oder frische Kräuter, z. B. Petersilie, gehackt
1800 g Wasser
5 g Gemüsebrühpulver oder 20 g Gemüse-Basispaste
800 g Kartoffeln, mehlig, geschält
ca. 60 g Schlagsahne (hängt von den Kartoffeln ab)
1 Prise frisch geriebene Muskatnuss
100 g Tomaten, gewaschen

1. Schinken und Käse klein würfeln.
2. Hähnchenfilets in grobe Stücke schneiden und im Mixtopf **5 Sek./Stufe 10/mit MB** zerkleinern. Schinken- und Käsewürfel zugeben, die Eier in den Mixtopf schlagen, Kräutersalz, Pfeffer und Kresse oder Kräuter zufügen und alles **2 Min./Teigstufe/mit MB** kneten. Fleischmasse in eine Schüssel umfüllen und den Mixtopf spülen.
3. Wasser in den Mixtopf einwiegen, Gemüsebrühpulver oder Gemüse-Basispaste zufügen, Garkorb einhängen. Kartoffeln vierteln (große Kartoffeln in 6 Stücke schneiden) und in den Garkorb legen.
4. Einen Bogen Backpapier oval passend für den Varoma-Einlegeboden zurechtschneiden. Aus der Fleischmasse 8 bis 9 Frikadellen formen und daraufgeben. Den Varoma mit dem Einlegeboden auf den Mixtopf setzen und alles **25 Min./Varoma/Stufe 2** garen.
5. Varoma auf einen Teller stellen. Kochwasser ausschütten, die gegarten Kartoffeln mit der Schlagsahne und der Muskatnuss wieder in den Mixtopf füllen und den leeren Garkorb einhängen. **15 Sek./Stufe 7/mit MB** zerkleinern.
6. Garkorb herausheben, den Kartoffelbrei mit Salz und Pfeffer abschmecken. Kartoffelbrei mit den Frikadellen und den in Scheiben geschnittenen gesalzenen Tomaten servieren.

Feine Kalbsfrikadellen Saltimbocca-Art

4 Portionen
Zubereitung: 20 Min.
Rührzeit: 31 Min.

100 g Frühlingszwiebeln, geputzt, gewaschen, in Stücken
8 Scheiben Bacon
400 g Kalbssteak, Kalbsschnitzel oder Kalbs-Unterschale (Semmerolle), in Würfeln
25 g Gemüse-Basispaste
15 g Tomatenmark
1 Prise Kräutersalz
1 Prise Pfeffer
3 Eier, Größe M
60 g Paniermehl
500 g Wasser
1 TL Salz
8 mittelgroße frische Salbeiblätter, gewaschen
500 g Cocktailtomaten, gewaschen

1. Frühlingszwiebeln im Mixtopf **5 Sek./Stufe 8/mit MB** hacken. Mit dem Spatel nach unten schieben und Vorgang wiederholen.
2. Bacon quer halbieren, die eine Hälfte klein schneiden, die andere beiseitestellen. Fleischwürfel, klein geschnittenen Bacon, Gemüse-Basispaste, Tomatenmark, Kräutersalz, Pfeffer, Eier und Paniermehl zufügen und **10 Sek./Stufe 8/ohne MB** unter Zuhilfenahme des Spatels mixen. Vorgang 2- oder 3-mal wiederholen, bis die Masse fein ist.
3. Einen Bogen Backpapier oval ausschneiden und auf den Einlegeboden legen, sodass die Seitenschlitze noch frei bleiben. Aus der Fleischmasse 8 Frikadellen formen und daraufsetzen.
4. Das Wasser einwiegen und das Salz zufügen.
5. Auf jede Frikadelle ½ zusammengeklappte Baconscheibe und 1 Salbeiblatt legen.
6. Einen weiteren Bogen Backpapier in den Varoma legen, die Cocktailtomaten daraufsetzen und das Backpapier leicht falten. Einlegeboden einhängen, mit dem Deckel verschließen, auf den Mixtopf setzen und alles **30 Min./Varoma/Stufe 1.5** garen.
7. Frikadellen mit den Tomaten servieren.

Als weitere Beilage eignen sich auch im Garkorb gekochte Kartoffeln oder Reis (Wassermenge auf 1500 bzw. 1100 g erhöhen, nach 25 bzw. 22 Min. Garkorb herausnehmen und warmstellen).

Rindfleischbällchen mit Tomatensoße und Spaghetti

4 Portionen
Zubereitung: 15 Min.
Rührzeit: 34–36 Min.

75 g Räucherspeck, in Stücken
2 Zwiebeln (ca. 80 g), geschält, geviertelt
1 Knoblauchzehe, geschält
10 g Olivenöl plus etwas zum Einfetten des Varoma
600 g Rinderhackfleisch oder gemischtes Rinder-Schweine-Hack oder Lammhack
40 g Gemüse-Basispaste
50 g Paniermehl
1 Ei, Größe M
½ TL Paprikapulver
Pfeffer
1 Prise Zucker
400 g stückige Tomaten aus der Dose
100 g trockener Rotwein oder Wasser
300 g Gemüsebrühe
20 g Tomatenmark
1 TL getrockneter Oregano
1 TL Salz
1 Prise Chilipulver (optional)
500 g Spaghetti

1. Speckstücke im Mixtopf **5 Sek./Stufe 7/mit MB** hacken und mit dem Spatel nach unten schieben. 40 g Zwiebel und Knoblauch zufügen, **4 Sek./Stufe 6/mit MB** zerkleinern, mit dem Spatel nach unten schieben. Öl zugeben und alles **3 Min./120 °C/Stufe 1/ohne MB** andünsten.
2. Hackfleisch in mehreren Portionen zerpflückt zufügen, 20 g Gemüse-Basispaste, Paniermehl, Ei, Paprika und 1 Prise Pfeffer dazugeben und **1.30 Min./Teigstufe/mit MB** vermischen.
3. Varoma und Einlegeboden einfetten, aus der Hackfleischmasse etwa 15 tischtennisballgroße Fleischbällchen formen und im Einlegeboden sowie Varoma verteilen. Mixtopf spülen.
4. Restliche Zwiebeln **4 Sek./Stufe 6/mit MB** im Mixtopf zerkleinern und mit dem Spatel nach unten schieben. Zucker, Tomaten, Rotwein, Gemüsebrühe, Tomatenmark, Oregano, restliche Gemüse-Basispaste, Salz, Pfeffer und ggfls. Chilipulver zugeben. Varoma aufsetzen und alles **20 Min./Varoma/Stufe 1.5** kochen.
5. Spaghetti in der Mitte durchbrechen. Varoma absetzen, Nudeln in den Mixtopf geben, Varoma wieder aufsetzen und Nudeln in **8–10 Min.** (nach Herstellerangabe)**/Varoma/Linkslauf/Stufe 0.5** bissfest garen.
6. Soße abschmecken, die Hackbällchen mit den Nudeln und der Soße servieren.

Für dieses Gericht eignen sich auch frische Spaghetti oder andere Pasta aus dem Kühlregal: dann einfach im Varoma auf den Hackbällchen erhitzen.

Piri-Piri-Putenbällchen mit Zucchini-Kartoffel-Gemüse

4 Portionen
Zubereitung: 12 Min.
Rührzeit: 35 Min.

600 g Putensteaks aus der Keule, in Stücken
2 Eier, Größe M
1 ½ TL Piri-Piri-Gewürzmischung
1 TL Paprikapulver
30 g Aprikosenkonfitüre oder Orangenmarmelade
35 g Vollkornhaferflocken
Salz
Pfeffer
15 g Zitronensaft
1800 g Wasser
1 TL Gemüsebrühpulver plus 1 TL (optional) oder 20 g Gemüse-Basispaste
600 g Kartoffeln, festkochend, geschält, in großen Stücken
500 g junge Zucchini, geputzt, gewaschen, 1 cm große Stücke
½ TL getrockneter Oregano
10 g Olivenöl
1 Knoblauchzehe, geschält, feine Scheiben
200 g Schlagsahne
20 g Tomatenmark
1 Prise gemahlene Muskatnuss
150 g Gouda, 1 cm große Würfel
3 Blätter frischer Salbei, gehackt

1. Einen Bogen Backpapier für den Varoma-Einlegeboden oval zuschneiden und darauflegen.
2. Putenfleisch im Mixtopf **20 Sek./Stufe 10/mit MB** zerkleinern.
3. Eier in den Mixtopf schlagen, Piri-Piri-Gewürz, Paprikapulver, Aprikosenkonfitüre, Haferflocken, 1 TL Salz, 2 Prisen Pfeffer und Zitronensaft zufügen und **20 Sek./Stufe 10/mit MB** mixen. Aus der Fleischmasse etwa 14 tischtennisballgroße Bällchen formen und auf dem Einlegeboden verteilen (evtl. auch auf die Zucchini im Varoma setzen siehe Punkt 5, falls der Platz zu knapp wird).
4. Wasser einwiegen, 1 TL Gemüsebrühpulver oder Gemüse-Basispaste zufügen. Kartoffeln in den Garkorb geben und einhängen.
5. Zucchini im Varoma verteilen, mit 2 Prisen Salz, Pfeffer, Oregano, Öl und den Knoblauchscheiben würzen. Den Varoma mit dem Einlegeboden auf den Mixtopf setzen und alles **30 Min./Varoma/Stufe 2** garen.
6. Varoma auf einen Teller setzen, Garkorb mithilfe des Spatels herausziehen und beides warmhalten.
7. Garflüssigkeit in einen Behälter umschütten, dabei 80 ml auffangen und wieder in den Mixtopf schütten. Schlagsahne, Tomatenmark, 1 TL Salz, 1 Prise Pfeffer, Muskatnuss sowie ggfls. das restliche Gemüsesuppenpulver hinzufügen und **3 Min./Varoma/Stufe 1** erhitzen. Käsewürfel und gehackten Salbei zufügen, **1 Min./Stufe 2/ohne MB** schmelzen.
8. Die Piri-Piri-Bällchen mit dem Gemüse und der Soße servieren.

Hackbällchen nach Gyros-Art mit Zaziki

4 Portionen
Zubereitung: 15 Min.
Abkühlzeit: 10 Min.
Rührzeit: 35 Min.

Für das Zaziki:
- 200 g Salatgurke, geschält
- 2–3 Knoblauchzehen, geschält
- 1 TL Salz
- 150 g griechischer Joghurt (evtl. aus Schafsmilch)
- 150 g Quark, Magerstufe oder 20 % Fett
- 1–2 Prisen Pfeffer
- 1 EL Zitronensaft
- 1 TL Dill, gehackt (optional)

Für die Fleischbällchen:
- 1 altbackenes Brötchen
- 100 g Zwiebeln, geschält, geviertelt
- 2 Knoblauchzehen, geschält
- 10 g Olivenöl plus etwas zum Einfetten des Einlegebodens
- 600 g Schweinehackfleisch (möglichst mager)
- 1 EL Gyrosgewürz
- 1 TL Paprikapulver
- 1 EL frische Petersilie, gehackt
- 1 TL Salz
- 2 Prisen Pfeffer
- 1 Ei, Größe M
- 600 g Wasser

1. Das Gurkenstück halbieren, die Kerne herauskratzen, dann Gurke in Stücke schneiden. Mit den Knoblauchzehen im Mixtopf **6 Sek./Stufe 7/mit MB** zerkleinern. Salz einstreuen und Mischung ein paar Minuten stehen lassen. Dann die entstandene Flüssigkeit größtenteils abschütten.
2. Restliche Zutaten für das Zaziki zugeben, **30 Sek./Stufe 3/ohne MB** mischen. Zaziki mit Salz und Pfeffer abschmecken, in eine Schüssel umfüllen und im Kühlschrank kaltstellen. Den Mixtopf spülen und gründlich austrocknen.
3. Das Brötchen in Stücke schneiden, im Mixtopf **15 Sek./Stufe 7/mit MB** zerkleinern und in eine Schüssel umfüllen.
4. Zwiebeln und Knoblauch im Mixtopf **4 Sek./Stufe 6/mit MB** hacken. Mit dem Spatel nach unten schieben. Öl zufügen und alles **2 Min./100 °C/Stufe 1/ohne MB** dünsten, dann 10 Min. ohne Deckel abkühlen lassen.
5. Hackfleisch, Gyrosgewürz, Paprikapulver, Petersilie, Salz, Pfeffer, Ei und zerkleinerte Brötchenstücke zufügen und **2 Min./Teigstufe/mit MB** kneten (wenn nötig, 2 EL Wasser zugeben). Aus dem Fleischteig 12 Bällchen formen und im eingefetteten Varoma-Einlegeboden verteilen.
6. Wasser einwiegen, Varoma mit Einlegeboden aufsetzen und alles **30 Min./Varoma/Stufe 2** garen.
7. Die Bällchen noch heiß oder auch kalt mit dem Zaziki und ggfls. einem gemischten Salat servieren.

Wer zusätzlich Gemüse mag, kocht im Varomabehälter noch 400–600 g gemischtes klein geschnittenes Gemüse mit (z. B. Karotten, Zucchini, Staudensellerie).

Mangoldpäckchen

4 Portionen
Zubereitung: 20 Min.
Rührzeit: 41 Min.

300 g Wasser
Salz
700 g Mangoldblätter, gewaschen
60 g Zwiebel, geschält, geviertelt
1 Knoblauchzehe (5 g), geschält
500 g gemischtes Hackfleisch
60 g Paniermehl
1 Ei, Größe M
⅓ TL Pfeffer
1 TL Paprikapulver
½ TL Schalenabrieb einer Bio-Zitrone
1 EL frische Petersilie, gehackt oder TK
1 EL Sesamsamen
700 g Wasser
2 TL Gemüsebrühpulver

Für die Soße:
100 g Garflüssigkeit
Mangoldreste
2 EL Röstzwiebeln
125 g Schlagsahne
75 g Milch
30 g Mehl
1 Prise Pfeffer
1 Prise geriebene Muskatnuss
Salz

1. Wasser und 1 TL Salz in den Mixtopf geben. Mangoldblätter in den Varoma geben, Varoma aufsetzen und **9 Min./Varoma/Stufe 2** rühren. Varoma absetzen, Garflüssigkeit ausschütten, Mixtopf mit kaltem Wasser ausspülen.
2. Zwiebel und Knoblauch im Mixtopf **4 Sek./Stufe 6/mit MB** zerkleinern, dann mit dem Spatel nach unten schieben. Hackfleisch, Paniermehl, Ei, 15 g Salz, Pfeffer, Paprikapulver, Zitronenschale und Petersilie zugeben, **1 Min./Teigstufe/mit MB** kneten. Fleischmasse in eine Schüssel umfüllen und in 16 Portionen aufteilen.
3. Die blanchierten Mangoldblätter aus dem Varoma nehmen, dicke Rippen herausschneiden und grob zerkleinern, beiseitestellen.
4. 16 Blattstücke mit den Hackfleischportionen füllen, zu Päckchen falten und in den Varoma setzen. Mit dem Sesam bestreuen, mit dem Deckel verschließen.
5. Mixtopf spülen, das Wasser einwiegen und das Gemüsebrühpulver zufügen. Mit dem Deckel verschließen, Varoma mit Deckel aufsetzen und **30 Min./Varoma/Stufe 1.5** garen.
6. Varoma auf einen Teller setzen, warmhalten.
7. Mixtopf ausleeren, dabei die Garflüssigkeit auffangen. 100 g davon zusammen mit den Mangoldresten, den gedämpften Stielen und den Röstzwiebeln in den Mixtopf geben. Die weiteren Zutaten für die Soße zufügen, **10 Sek./Stufe 8/mit MB** mixen, dann **4 Min./90 °C/Stufe 3/ohne MB** kochen. Mit Salz und Pfeffer abschmecken.
8. Die Mangoldpäckchen mit der Soße servieren.

Wer mag, gart gleichzeitig mit den Mangoldpäckchen 600 g geschälte Kartoffeln (halbieren oder vierteln) im Garkorb mit. Dafür jedoch die Wassermenge auf 1800 g erhöhen und die Kochzeit um 5 Min. verlängern.

Statt der warmen Soße kann man die Päckchen auch gut mit einem kalten Joghurtdip servieren. Dazu 250 g Joghurt, 1 TL Zitronenschale, 1 zerkleinerte Knoblauchzehe und die zerkleinerten Mangoldreste vermischen und mit Salz und Pfeffer abschmecken.

Chicken Balls mit Quinoa, Brokkoli und Basilikum

4 Portionen
Zubereitung: 20 Min.
Quellzeit: ca. 10 Min.
Rührzeit: 29 Min.

400 g Brokkoliröschen, gewaschen
Salz
Pfeffer
30 g Olivenöl
400 g Hähnchenbrustfilet, in Stücken
50 g Lauchzwiebeln, geputzt, gewaschen, in Stücken
30 g Grieß
1 Ei, Größe M
2 TL Asia-Basispaste
60 g Zwiebel, geschält, geviertelt
1 Knoblauchzehe, geschält
300 g Gemüse- oder Hühnerbrühe
400 g Wasser
300 g Quinoa
1 Handvoll frische Basilikumblätter, gewaschen

1. Ein Blatt Backpapier in den Varoma geben. Die Brokkoliröschen darauf verteilen, leicht salzen, pfeffern und mit 10 g Olivenöl beträufeln.
2. Hähnchenstücke und Lauchzwiebeln im Mixtopf **5 Sek./Stufe 10/mit MB** zerkleinern. Mit dem Spatel nach unten schieben.
3. 10 g Olivenöl, Grieß, Ei und Asia-Basispaste zufügen und **2 Min./Teigstufe/mit MB** vermengen. Aus der Masse kleine Klößchen formen (gut walnussgroß) und auf das Gemüse und ggfls. den geölten Einlegeboden legen, mit dem Deckel verschließen. Mixtopf spülen.
4. Zwiebel und Knoblauch im Mixtopf **4 Sek./Stufe 6/mit MB** zerkleinern, restliches Öl zufügen und **3 Min./Varoma/Stufe 1/ohne MB** anschwitzen.
5. Brühe und Wasser einwiegen, 1 TL Salz zufügen.
6. Quinoa im Garkorb mit Wasser gründlich durchspülen, dann in den Mixtopf schütten. Varoma aufsetzen und alles **23 Min./Varoma/Linkslauf/Stufe 1** kochen. Danach Thermomix® abschalten und Quinoa etwa 10–15 Min. lang (je nach Hersteller) im Topf nachquellen lassen (auf den Varoma ein Handtuch zum Warmhalten legen).
7. Quinoa mit Salz und Pfeffer abschmecken, mit dem Gemüse, den Chicken Balls und den Basilikumblättern bestreut servieren.

SÜSSE LECKEREIEN

Großmutters Gesundheitskuchen aus dem Varoma

8 Stücke
Zubereitung: 5 Min.
Rührzeit: 78 Min.

200 g Dinkelmehl 630
50 g Stärkemehl
1 gestr. TL Backpulver
1 Prise Salz
170 g Zucker
1 EL Vanillezucker
1 Bio-Zitrone, Saft und Schalenabrieb
200 g weiche Butter plus etwas für die Form
5 Eier, Größe M
1 EL Rum (optional)
1 Königskuchenform, ca. 23 cm (passend für Varoma)
1 kg Wasser
50 g Puderzucker

1. Mehl, Stärkemehl und Backpulver mit Salz im Mixtopf **20 Sek./Stufe 4/ mit MB** mischen, dann in eine Schüssel umfüllen.
2. Zucker, Vanillezucker und Zitronenschalenabrieb im Mixtopf **10 Sek./ Stufe 10/mit MB** pulverisieren. Kurz stehen lassen, dann den Deckel abnehmen und das Pulver mit dem Pinsel nach unten schieben. Schmetterling einsetzen, Butter, Eier und evtl. Rum zufügen. Alles **5 Min./Stufe 3.5/ mit MB** schaumig schlagen.
3. Die Hälfte der Mehl-Stärke-Mischung daraufgeben, **2 Min./Stufe 3/ ohne MB** mischen, nach 20 Sek. den Rest löffelweise durch die Deckelöffnung zufügen. Mit dem Spatel Mehlreste nach unten schieben und alles **20 Sek./Stufe 3.5/ohne MB** mischen. Dann den Schmetterling herausnehmen.
4. Die Königskuchenform gründlich einfetten und den Kuchenteig hineingießen. Die ganze Form gut mit hitzebeständiger Frischhaltefolie einwickeln und in den Varoma setzen. Mit dem Deckel verschließen.
5. Mixtopf und Deckel spülen. Wasser in den Mixtopf wiegen, Varoma aufsetzen und Kuchen **70 Min./Varoma/Stufe 1.5** dämpfen (darauf achten, dass genügend Schlitze frei bleiben).
6. Varoma absetzen, Kuchenform herausheben (Vorsicht, heiß!). Mit einem Küchentuch Kondenswasser abtrocknen. Kuchen 20 Min. abkühlen lassen, dann aus der Form stürzen.
7. Den abgekühlten Kuchen mit Puderzucker bestäubt servieren.

Mohn-Schupfnudeln

4 Portionen als Nachtisch, 2 Portionen als Hauptgericht
Zubereitung: 5 Min.
Rührzeit: 25 Min.

80 g Mohnsamen (Blaumohn), ganz
60 g Zucker
500 g Wasser
500 g Schupfnudeln aus dem Kühlregal
30 g Butter, in Flöckchen

1. Mohn und Zucker in den trockenen Mixtopf geben und **30 Sek./Stufe 10/ mit MB** zerkleinern, dann in eine Schüssel umfüllen.
2. Wasser in den Mixtopf wiegen, mit dem Deckel verschließen und Varoma aufsetzen. Varoma mit einem Bogen Backpapier auslegen. Die Schupfnudeln darauf verteilen und zusammenklebende Nudeln mit den Fingern auseinanderziehen.
3. Butterflöckchen daraufgeben und Mohn-Zucker-Mischung darüberstreuen. Den Deckel aufsetzen und alles **25 Min./Varoma/Stufe 1.5** garen.
4. Mohn-Schupfnudeln heiß servieren.

Dazu passen frische Früchte, griechischer Joghurt oder Apfelmus bzw. Pflaumenkompott.

Zitronenpudding englischer Art

4–6 Portionen
Zubereitung: 10 Min.
Rührzeit: 80 Min.
Kühlzeit: 3–4 Std.

- 160 g Zucker
- 2 Bio-Zitronen, Saft und Schalenabrieb
- 80 g Weizenmehl
- 30 g Stärkemehl
- 1 Prise Salz
- 180 g Butter, in Stücken
- 4 Eier, Größe M
- 100 g Zitronenmarmelade oder Orangenmarmelade
- 4–6 hitzefeste Formen, die in den Varoma passen
- Butter zum Einfetten
- 1000 g Wasser
- Puderzucker zum Bestreuen

1. Zucker und Zitronenschale in einer kleinen Schüssel gründlich mischen.
2. Mehl, Stärke und Salz im Mixtopf **30 Sek./Stufe 4/mit MB** mischen, dann in eine Schüssel umfüllen.
3. Butter im Mixtopf **1 Min./70 °C/Stufe 2/ohne MB** schmelzen.
4. Zitronenzucker und Eier zugeben und **4.30 Min./Stufe 4/mit MB** schlagen.
5. Marmelade und Zitronensaft in einer Tasse glattrühren, dann in den Mixtopf geben. Mehlmischung ebenfalls dazuschütten, dann alles **2 Min./Stufe 4/mit MB** mixen.
6. Die Auflaufformen gründlich einfetten und die Puddingmasse hineingießen. Mit hitzebeständiger Klarsichtfolie jeweils gut einwickeln und in den Varoma stellen, Deckel aufsetzen.
7. Mixtopf spülen, Wasser einwiegen, mit dem Deckel verschließen, Varoma aufsetzen und **70 Min./Varoma/Stufe 1.5** rühren.
8. Deckel abnehmen (Vorsicht, heiß!), Kondenswasser mit einem Küchentuch abtrocknen.
9. Pudding auskühlen lassen und dann mit Puderzucker bestreut servieren.

Der Pudding kann auch in einer größeren, gefetteten, hitzebeständigen Form (Keramik, Silikon, Edelstahl) gegart werden. Abgekühlt stürzen, mit Puderzucker bestreuen und in Stücke schneiden. Die Kochzeit verlängert sich dann um 15 Min.

Crème brûlée mit Himbeeren

4–5 Portionen
Zubereitung: 5 Min.
Rührzeit: 31 Min.
Kühlzeit: 6–12 Std.

270 g Schlagsahne
50 g Milch
4 Eier, Größe M
70 g Zucker
10 g Vanillezucker
½ Bio-Zitrone, Schalenabrieb
4–5 hitzefeste Förmchen, die in den Varoma passen
Butter zum Einfetten der Förmchen
1 kg Wasser
4–5 TL brauner Zucker
Gas-Küchenbrenner zum Abflammen (Salamander)
125 g frische Himbeeren, gewaschen

1. Sahne, Milch, Eier, Zucker, Vanillezucker und Zitronenabrieb in den Mixtopf geben und **30 Sek./Stufe 3/mit MB** mixen.
2. Förmchen leicht einfetten, die Masse hineinfüllen, mit hitzefester Klarsichtfolie verschließen und in den Varoma stellen.
3. Wasser in den Mixtopf wiegen, mit dem Deckel verschließen, Varoma mit den Förmchen vorsichtig daraufheben. Deckel aufsetzen und Creme **30 Min./Varoma/Stufe 1** rühren.
4. Förmchen aus dem Varoma nehmen, Kondenswasser mit einem Küchentuch abtrocknen (Vorsicht, heiß!). Creme abgekühlt im Kühlschrank noch mindestens 5 Std. durchziehen lassen.
5. Den braunen Zucker gleichmäßig auf den Förmchen verteilen (pro Förmchen ca. 1 TL) und mit dem Gas-Küchenbrenner kurz abflammen, bis sich eine Kruste bildet (nicht zu lange, sonst verbrennt der Zucker).
6. Die Himbeeren auf der Crème brûlée verteilen und servieren.

Bildnachweis

S. 17, 18, 19, 21, 23, 25, 27, 28, 32, 35, 37, 38, 45, 53, 57, 59, 63, 73, 80, 81, 85, 91, 92: © Karl-Heinz Engler; S. 11, 15: espies/Shutterstock.com; S. 11, 16: Michelle Lee Photography/Shutterstock.com; S. 17, 31: Liliya Kandrashevich/Shutterstock.com; S. 17, 20, 50: NoirChocolate/Shutterstock.com; S. 22: beta7/Shutterstock.com; S. 29: MariaKovaleva/Shutterstock.com; S. 33, 40, 41: AS Food studio/Shutterstock.com; S. 33, 43: vm2002/Shutterstock.com; S. 33, 47: Tatyana Malova/Shutterstock.com; S. 49, 60: Yevgeniya Shal/Shutterstock.com; S. 49, 55, 75: zebratomato/Shutterstock.com; S. 49, 52: Goskova Tatiana/Shutterstock.com; S. 51: denio109/Shutterstock.com; S. 56: Nataliya Arzamasova/Shutterstock.com; S. 61, 74: Barbara Dudzinska/Shutterstock.com; S. 61, 77: Maria Uspenskaya/Shutterstock.com; S. 61, 66, 79, 89: Kiian Oksana/Shutterstock.com; S. 65, 69, 79, 83, 90: Timolina/Shutterstock.com; S. 67: Patrycja Nowak/Shutterstock.com; S. 71: PosiNote/Shutterstock.com; S. 78: A_Lein/Shutterstock.com; S. 87: lorenzo_graph/Shutterstock.com; S. 91, 95: Elena Talberg/Shutterstock.com; S. 91, 94: Olga Gorchichko/Shutterstock.com; S. 93: unpict/Shutterstock.com